世界高雅文化珍藏图鉴大系

恋恋情怀

摆件·手把件

收藏与鉴赏

玮 珏/编著

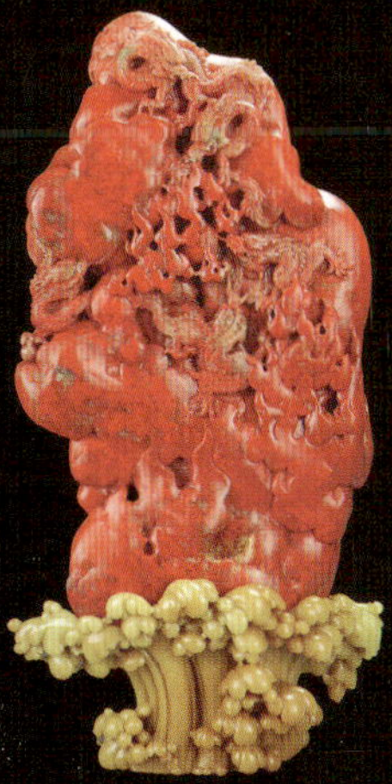

新世界出版社

图书在版编目（CIP）数据

恋恋情怀：摆件·手把件收藏与鉴赏 / 玮珏编著
. -- 北京：新世界出版社，2018.9
（世界高雅文化珍藏图鉴大系）
ISBN 978-7-5104-6162-0

Ⅰ.①恋… Ⅱ.①玮… Ⅲ.①文物—收藏—中国②文物—鉴赏—中国 Ⅳ.① G894 ② K87

中国版本图书馆 CIP 数据核字 (2018) 第 007191 号

恋恋情怀：摆件·手把件收藏与鉴赏

作　　者：玮　珏
责任编辑：张杰楠
责任校对：姜菡筱　宣　慧
责任印制：王宝根　王丙杰
出版发行：新世界出版社
社　　址：北京西城区百万庄大街 24 号（100037）
发 行 部：（010）6899 5968　（010）6899 8705（传真）
总 编 室：（010）6899 5424　（010）6832 6679（传真）
http://www.nwp.cn
http://www.nwp.com.cn
版 权 部：+8610 6899 6306
版权部电子信箱：nwpcd@sina.com
印　　刷：北京市松源印刷有限公司
经　　销：新华书店
开　　本：787×1092　1/16
字　　数：400 千字
印　　张：18
版　　次：2018 年 9 月第 1 版　2018 年 9 月第 1 次印刷
书　　号：ISBN 978-7-5104-6162-0
定　　价：128.00 元

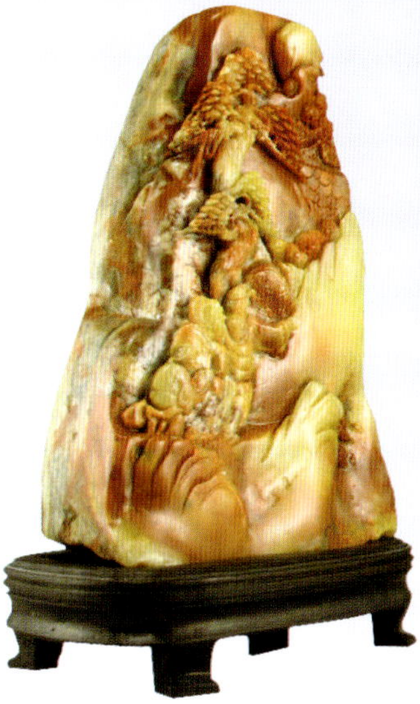

前言

Preface

自古以来，世人就对那些造型别致、材质稀有且表达了美好寓意的摆件和手把件爱不释手，这体现了人们对美的追求和对美好生活的希冀。

所谓摆件，就是摆放在公共区域、桌、柜或者橱里供人欣赏的工艺品，其范围相当广泛，造型多种多样。手把件，顾名思义，就是手上把玩的物件，体积较小，便于一手握持，供人们闲暇时拿在手里把玩欣赏。

摆件和手把件将材质之美和精湛的雕刻工艺完美结合，藏玩之风经久不衰。它们历史悠久，且与人们的生活息息相关，是人类文明的缩影。端详那一件件精雕细刻的工艺品，我们不禁为那美丽的材质、巧妙的构思、娴熟的工艺、深厚的文化内涵所吸引。

现如今，随着生活水平的不断提高，人们迫切地需要得到精神生活上的满足。而赏玩精美的摆件、手把件，既能陶冶人的情操，提高人的审美水平和艺术修养，又能增添生活的情趣，因此，越来越多的普通民众开始加入摆件、手把件收藏队伍。那一件件精美绝伦的摆件、手把件迅速吸引了人们的视线，市场愈加火热。但如今的摆件、手把件收藏市场鱼龙混杂，真假难辨，消费者若想买到货真价实的好物件，就需要先了解一下与其相关的知识。

本书立足于实际，详细介绍了摆件与手把件的分类、特征、保养、加工工艺、真假鉴定、价值评估等方面的知识，通俗易懂、内容丰富、图片精美，方便读者学习、阅读，同时也能欣赏到各类美观的摆件、手把件工艺品。

书中如有疏漏之处，敬请广大读者批评指正，以便再版时加以修正。

目录

Contents

巴林石摆件与手把件 / 173

第三章　奇特天成的观赏石 / 187

灵璧石摆件与手把件 / 188

雨花石摆件与手把件 / 198

第一章 温润光洁的玉石

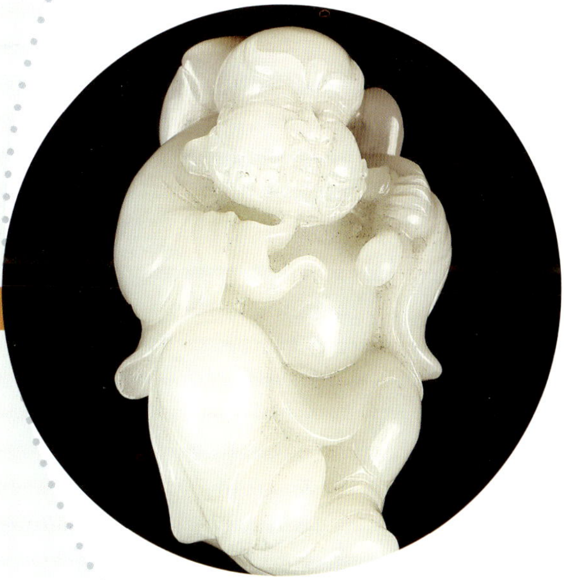

▲ 和田玉雕达摩手把件

中国是世界上最早利用玉的国家，玉文化是中国文化的重要组成部分。

中华民族对玉石的探求可以追溯到原始时代。中华文明历经数千年的岁月，从史前的古朴自然到秦汉的大气豪放，又发展到明清的精巧玲珑、博大精深，玉石对中华民族影响深远，形成了有丰富思想和内涵的玉文化。

中国人认为玉吸收了天地之精华，凝聚了日月之灵气，因此赋予了玉不同寻常的宗教象征意义。同时，玉还被赋予了神秘的色彩，例如，认为玉可以辟邪化煞，保佑平安，食玉可以长生不老，着玉衣可保尸体长久不腐。中国人自古就赏玉、藏玉，人们赞叹玉的美观，崇尚玉的品德，以玉为贵。在世界文化宝库中，中国的玉器工艺品占有重要地位，绽放着耀眼的光芒。中国的很多家庭也都藏有玉器。玉的宝贵不仅体现在其经济价值上，还体现在社会生活中，它与玉的文化相辅相成，共同发展。

▼ “八仙祝寿”玉石摆件

和田玉摆件与手把件

不论历史如何更替，世事怎样变迁，温润的玉材质、精致的玉工艺、华贵的玉摆件、高雅的玉文化，都牢牢吸引着人们的目光，深刻地影响着人们的生活。和田玉在中国玉文化中占有特别重要的地位，它是中华民族的瑰宝，就像是一颗耀眼的明星，在中国的传统文化中绽放着光辉。

▲ 和田玉“瑞兽如意”手把件

和田玉的分类

按产状分类

和田玉，按其出产状况可分为籽料、山流水和山料。其中，籽料最名贵，质量最上乘；山流水次于籽料的品质；山料品相相对较差，价格也最低。

1. 籽料

籽料又名籽玉、子儿玉，是经剥蚀的原生玉矿被流水搬运到河流中，受流水冲刷、磨蚀形成的，在现代或古代河床及河流冲积扇和阶地中都分布着籽料，有的露于地表，有的埋在地下。据相关研究发现，从商代开始直到元代，籽料都是中国古代和田玉器的主要原材料。

▼ 和田玉籽料原石

昆仑山水量较大的几条河流的中下游是籽料的主要出产地，主要是玉龙喀什河、喀拉喀什河、叶尔羌河和克里雅河以及这些河流附近的古代河床、河床阶地中。籽料是和田玉料中品相最佳的玉种，由于长久以来受风化剥蚀、水流冲刷影响，它的外形如盘、如斗、如拳、如栗，似卵石，表面光滑，无棱角。尺寸一般不大，重量一般是几千克，很少有超过50千克的，最小的就和杏仁差不多大。从籽料的质地来看，由于河水长距离和长期的搬运、侵蚀、打磨，玉石中最为致密坚硬的部分得以保留，所以籽料的质量很好，质地坚硬致密，有很好的光泽，微透明，是和田玉中的上品。其中，白色的籽料是最好的，带有青色、灰色的质量要差一些。

▼ 和田玉籽料原石

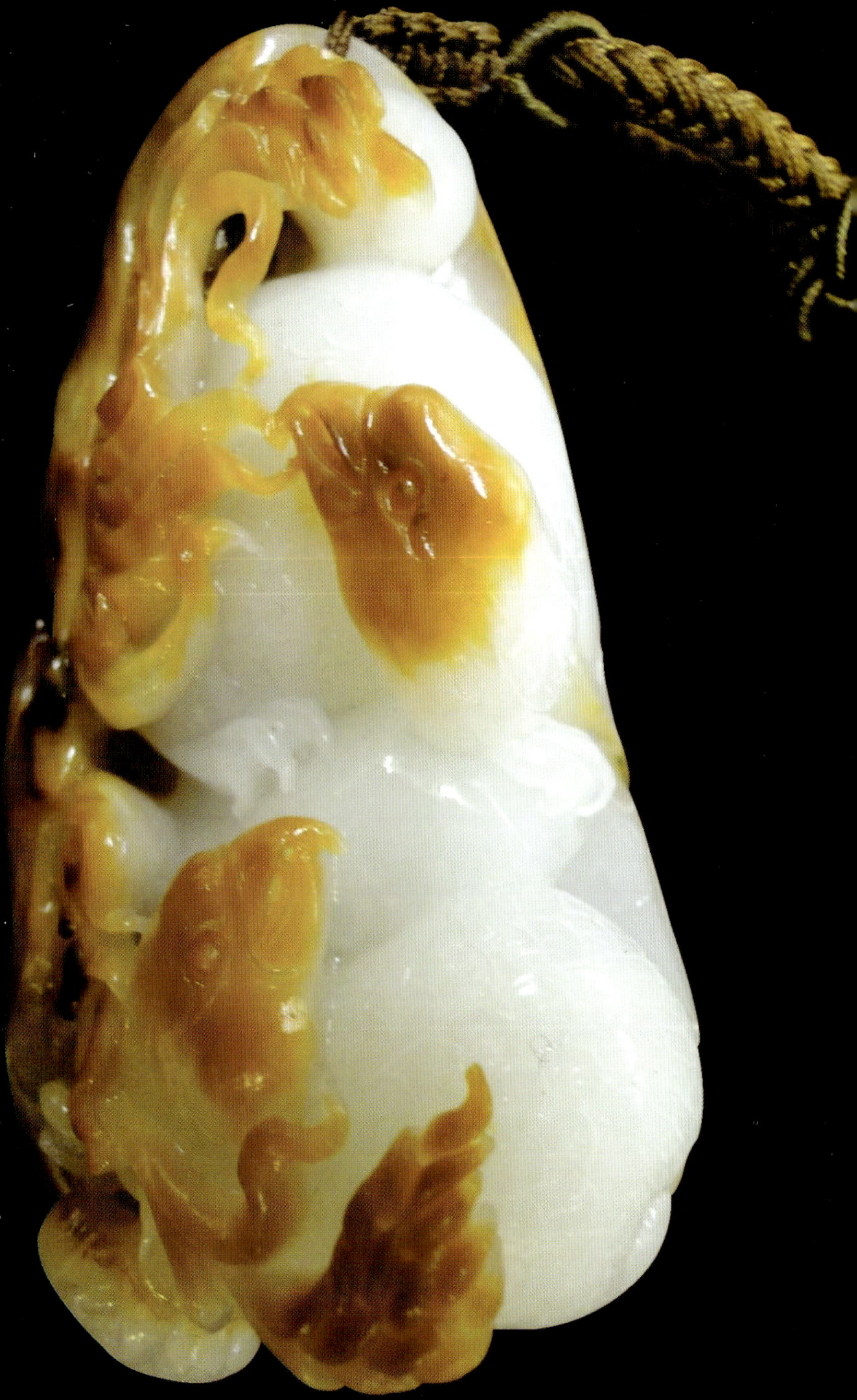

▲ 和田玉“安居乐业”手把件

▲ 黑皮和田籽玉“关公”手把件

▲ 和田玉鹿皮籽料原石

籽料有一种带外皮的，我们称之为璞玉。璞玉的外皮是一层黄褐色或其他色泽的很薄的皮，我们称之为皮色，是因氧化作用形成的。皮色又可细分为色皮、糖皮、石皮。有的白玉外表有一层石质围岩，去掉围岩才能得到玉。籽料的名称通常是根据其外皮的颜色而定的，如外皮为白色的，称“白皮籽玉”；外皮为黑色的，称“黑皮籽玉”；乌鸦色者，称“乌鸦皮籽玉”；和鹿皮色相似者，称“鹿皮籽玉”；桂花色者，称“桂花皮籽玉”等。

▲ 和田山流水“福禄寿”手把件

2. 山流水

经自然风化、泥石流、雨水冲刷后所形成的一类玉料被称为和田山流水。山流水，特指原生矿石经长期地质变迁、地壳运动、风化剥蚀，并被水流冲刷，迁移到河流的中上游河床的一类玉石。因此，山流水的特点是尺寸较大，玉料距原生矿近，棱角打磨不完全，外形为圆形，具有较光滑的表面，质地优于山料，次于籽料，也就是玉料没有完全变成籽料，其内外质色一致，质量不错。

3. 山料

和田玉山料又名山玉、渣子玉，当地百姓也叫它宝盖玉，是指产于山脉上的原生矿的玉料。山料玉与籽玉差别较大，它的外形是不规则块状、片状，块度有大有小，棱角分明，参差不齐，质地不如籽料好，很少带皮。和田玉山料品种较多，有白玉山料、糖白玉山料、青白玉山料等。

▼ 和田青白玉山料“福在眼前”手把件

关于山料玉的分类，业内人士习惯于用矿坑命名来分类。

戚家坑，在新疆且末县，是来自天津的戚春甫、戚光涛兄弟开发的。此矿产出的玉料多为白色，质地润泽，虽也有青色的，但在制作过程中会逐渐返白，是山料中质地较上乘的。

杨家坑，在新疆且末县，所产玉料带有栗子皮色的外衣，内部的玉色白质润，质地较好。

卡羌坑，在新疆且末县山上，所产玉料可分为白口、青口、黄口三种，质地细密，常有盐粒闪现。青口料制作薄胎玉件时，可返青为白色。

▲ 和田糖白玉山料“笑佛”手把件

按颜色分类

和田玉，按其颜色可分为白玉、青玉、碧玉、墨玉、黄玉、糖玉等。

1. 白玉

白玉主要颜色为白色，质地温润、细腻、有光泽，是和田玉中的名贵品种。白玉，也并不是说其颜色是单纯的白色，常带灰绿、淡青、褐黄、肉红或紫灰等色调，非常丰富。即使是同一矿脉出产的白玉，颜色也不尽相同。白玉质量上乘，以质地纯净、温润而被世人所知。一般业内人士把白玉的不同色泽分为梨花白、雪花白、象牙白、糙米白、鸡骨白等。

白玉中的籽玉是质量最佳的，且越白越好。光滑细腻的纯白籽玉叫“光白子”，品相极佳。一些白籽玉受氧化后，表面带有一定颜色，外表为秋梨色的叫“秋梨子”，虎皮色的叫“虎皮子”，枣色的叫“枣皮子”，都是和田玉中知名度较高的。需要注意的是，不仅仅是籽玉中存在白玉，山料、山流水中都有白玉。古人通过纯净的白玉，感悟玉的高贵品德，以玉比人，把玉捧到了至贵至尊的地位。

按颜色可把白玉细分为羊脂玉和青白玉。

（1）羊脂玉

和田白玉中最佳品种就是羊脂玉，其属于优质白玉，颜色一般比较白或呈脂白色，可稍带淡青色、乳黄色。羊脂玉极其纯净，质地致密细腻，温润如凝脂。杂质的含量极少，一般在3%以下，仿佛羊脂一样白。这种玉不但颜色白净，而且给人一种刚中带柔的感觉，曾有“白玉之精”“玉英”等称呼。到目前为止，全世界只有新疆和田出产羊脂玉，其产量稀少，名贵的和田羊脂玉可遇不可求。

▼ 和田玉白玉原石

▲ 和田羊脂玉原石

其实，绝大多数羊脂玉都带有不同程度的绺裂和少许的杂质。一般在玉器加工时，绺裂和较明显的杂点都会被加以修饰，而存在的小绺裂，在不影响玉器的美观和它的牢固度的情况下，均属于正常范围。羊脂玉的硬度、韧性和耐磨性是软玉中最高的。它质地致密，化学性质极其稳定，入土数千年也不会被严重沁染。这也就是说并非完全不沁，出土的羊脂玉没有原来那么白，并不是一种缺陷，而是出土古玉的特征。

（2）青白玉

青白玉是和田玉中较常见的品种，以白色为基调，在白玉中又微带有绿、青、灰等色，常见的颜色是葱白、粉青、灰白等，属于白玉与青玉的过渡品种。经济价值比白玉稍低。

2. 青玉

和田青玉与白玉的成分差不多，之所以呈现青色是因为含有铁元素，在所有和田玉品种中，青玉产量最大。

青玉有很多不同的颜色种类，从淡青色到深青色各不相同，传统叫法是形象地依据其深浅颜色而命名的，如蚂子青、鼻涕青、杨柳青、蟹壳青、竹叶青等。现代主要是根据其颜色深浅的差异，如淡青、深青、碧青、灰青、深灰青等来加以区分。和田青玉的特色是颜色均匀，质地温润，带有油脂状光泽。近些年，一种呈淡绿色的翠青玉被发现，其颜色鲜嫩，质地细腻，很受人们欢迎。

▲ 和田青玉“南瓜壶”摆件

▲ 和田青玉“貔貅”摆件

青玉由于产量丰富，是历代制玉的主要原料。青玉虽质量比白玉略差，但其块度较大，质地细密润泽，油性好，韧性也非常好，很适合制作薄胎器皿。有人认为，古代的青瓷得以烧制就是从相近的青玉颜色中得到了灵感，人们倍加珍爱古代青瓷就是喜爱其独有的色泽。

青玉因数量巨大而一直扮演着重要角色。人类开采利用青玉的历史很久远，从西周到战国，青玉一直是主流玉器。直到汉代，白玉开始受到重视，不过青玉也并没有退出历史舞台，它始终与白玉并行，受到人们的喜爱与推崇。

▲ 和田青玉“水牛”摆件

3. 碧玉

碧玉是指玉料呈青绿色、暗绿色、墨绿色、黑绿色的软玉。它的颜色是因其矿物中含有一定量的阳起石和含铁较多的透闪石所致。碧玉即使接近黑色，其薄片在强光下仍是深绿色的。有时碧玉与青玉不好区分，一般碧玉是偏深绿色，而青玉是偏青灰色。优质的碧玉虽不能与羊脂玉相媲美，但也是十分名贵的。在中国历代的玉文化中，碧玉也占有很重要的位置。

4. 墨玉

墨玉也属于和田玉中的一个名贵品种。其质地坚硬细腻，有的是如墨般的纯漆黑色，质地细密、纹理清晰、光洁润泽。内部为灰白色或灰墨色者，夹杂有云雾状、条带状等样式的黑色斑纹，在整块玉中深浅分布不均，黑白相间或有墨晕斑点者，俗称“青花”。工艺名称丰富，玉器行业多称其为乌云片、淡墨光、金貂须、美人鬓等。墨玉一般块度较小，其黑色是因矿物中的透闪石中夹杂石墨、磁铁矿形成的。

▼ 和田碧玉“旺财貔貅”手把件

▼ 和田墨玉“如意财神”摆件

▲ 和田墨玉“年年有余”手把件

书籍记载，墨玉中有一种“蜡玉”，即较多细小的石墨存在于青玉或白玉中，且呈星点状比较均匀地分布在上面。

墨玉的鉴定要看墨色的分布。在整块料中，按墨的成分多少、墨色的深浅程度、墨色大小分布，可将墨玉分为全墨、聚墨、点墨。全墨，即墨色漆黑，墨斑浓重密集者，质量上乘，非常珍贵；聚墨，指青玉或白玉中墨色聚集，可用作俏色；点墨则指墨斑呈点状分散，会影响雕刻工艺，质量一般。

5. 黄玉

黄玉是玉料呈绿黄色、米黄色的软玉，常带有绿色调，其种类多以颜色命名，有蜜蜡黄、栗色黄、秋葵黄、黄花黄、鸡蛋黄、米色黄和黄杨黄等。质量最上乘的是蜜蜡黄和栗色黄。越是名贵的黄玉黄色越浓。黄玉的基质为白玉，黄色调是因长期受地表水中氧化铁浸染形成的。黄玉十分稀有，在几千年探玉史上，仅偶尔见到，其珍贵程度不亚于羊脂白玉。“黄”是“皇”的谐音，又因其非常罕有，在清代，其经济价值甚至超过了羊脂白玉，如清代乾隆年间制作的黄玉三羊尊、黄玉异兽形瓶、黄玉佛手等，都价值不菲。

▲ 和田黄玉“如意”摆件

6. 糖玉

糖玉是因原生或次生作用而形成的，其颜色不同于白玉、青玉、碧玉、黄玉的原生色，它所带有的红褐色、黄褐色、黑褐色、紫红色、血红色（罕见）等属于次生色，是因铁、锰等矿物质氧化浸染了白玉、青白玉、青玉形成的，浸染的糖色部分小于 30％就叫糖白玉、糖青玉，大于 85％时就叫糖玉。在存世玉器中，很少见到真正红色的糖玉，多为紫红色或红褐色。

▲ 和田糖玉“年年有余”手把件

糖玉经常出现于山料、戈壁滩料中，其主要产地为新疆的叶城县、且末县、若羌县、和田县。叶城糖玉一般颜色偏灰，大部分比较干，无水头，质地也不够细腻，光泽度较差；且末糖玉多白中带青，糖色部分偏红，水头好，有比较好的细度，油脂比较高；若羌糖玉黄中带青，较为名贵。和田糖玉以山料为主，多带皮色，颜色较淡，呈咖啡色。糖玉常与白玉、青白玉或青玉构成双色玉料，制成的玉器很有特色。以糖玉皮壳籽料掏腔制成的鼻烟壶称“金裹银”，品相很好。

▲ 和田糖玉“财神”手把件

▲ 明 和田青玉梅花花插

▼ 和田玉籽料“夫妻同心”摆件

2. 茶叶末水煮法

这种方法主要用于质地坚硬细腻、沁色浅薄的出土古玉。先将古玉放在清水中煮，再将古玉装进放有茶叶末的袋子，悬挂在加清水的大瓷罐上，用文火蒸;之后将古玉取出，趁热用细密干净的软刷仔细反复刷，直到古玉变凉，再把它放入茶叶末袋中，继续蒸。这样古玉就会继续保持一定的热度，如此反复多次后，再用新的粗白布擦拭。

3. 稻草、木绒草装袋擦、搓、揉法

这种方法主要用于全身包裹着灰土的硬质古玉。此法需先将稻草、木绒草装袋，接着用它反复擦、搓、揉古玉，再用白粗布擦拭。如果玉质不够坚硬，须先用人的体温养玉，在长时间的养玩之下，古玉变硬后，再用此法。

4. 竹叶或糠皮装袋盘玩法

这种方法主要用于没有包裹灰土，只是被沁染的出土古玉。待盘玩的古玉，若包浆为蛤蟆皮且能见到原色，要先用装有竹叶或糠皮的袋子盘玩。如果盘玩一段时间后，古玉仍没复色，就要将古玉悬挂在用水煮栗炭灰、稻草灰的大瓷罐上面，以文火蒸煮。当古玉颜色稍微发生变化时，趁热用上述方法盘玩。

▲ 和田带皮羊脂白玉“灵芝”手把件

▲ 和田玉“富甲一方”手把件

5. 肥皂水、皂角水煮法

若经过上述 4 种方法盘玩后古玉的玉质发生变化、沁色干枯时，就需要用到这种方法。具体做法是先用肥皂水、皂角水煮一下古玉，再用装有竹叶、糠壳的袋子长时间反复盘玩。

盘玩古玉十分讲究，操作前要先用热水净手，用开水净玉，而且盘玉者心情也要舒畅。在经过长时间反复盘玩后，古玉就会恢复往日色泽，底色会变得通透细润，沁色也会显得自然而不呆滞，令人赏心悦目。不过，这种古玉的重量会略轻于同类玉料，业内称其为“脱胎玉”。

和田玉的保养

自和田玉被发现和利用以来，就不断展现其与众不同的特质，它之所以出众，除了其自身具备其他玉种比不上的种种优势外，还有一个重要原因，那就是和田玉身上被附加的文化及精神价值。近年来，和田玉器在收藏市场极受欢迎。由于和田玉价值不菲，因此有必要了解其养护知识，这样才能令心仪的宝贝始终光洁如初。

▲ 和田玉浮雕山水人物纹炉摆件

1. 避免与硬物碰撞

和田玉虽然比较坚硬，但是受碰撞后很容易开裂，有时裂纹虽然没显露在表面上，但其实玉内部的分子结构已受破坏，有暗裂纹，这对其完美程度和经济价值都有很大损害。和田玉摆件、手把件不用时，最好放在软盒或袋子内，以免磨损或磕碰。

▲ 和田玉“封侯拜相”摆件

▲ 唐 和田羊脂白玉“鹰”摆件

2. 避免沾染尘埃

切勿将和田玉制品随意放置在桌面上，这样容易积染尘垢，影响其透亮度。如果玉器外表已经沾染了灰尘，需要用干净柔软的白布擦拭或用软毛刷轻刷，不宜使用染色布或硬质布料。如果玉器表面的污垢不易被擦拭掉，也可用温淡的肥皂水清洗，再用清水冲净，千万不能使用化学除油剂。如果是很精细的玉器，污染较严重，用上面的方法还是没能令其洁净如初，则可请玉器清洁公司用专业手段清洗和保养。

3. 避免与油脂接触

古玉要避免接触油脂，以免其微细孔隙被封堵，否则玉器中的灰尘就不能退出来，玉器自然就不会通透润泽。古玉在地下经受了长期的水浸土蚀，土质或杂质自然就渗入其微细的孔隙中，对其进行养护就是为了令杂质从中退出。有些人认为，在古玉上抹一些花生油或人体油脂，比如鼻子、面额、头发上的油脂，可使其显得光亮、温润，其实是错误的。因为，这样做只会把其微细孔隙堵塞，不利于杂质退出，对古玉没有好处。

古玉如果沾了油腻，可用两个办法来解决：一是将古玉放在开水中煮一会儿，便可退油；二是将古玉放入痱子粉或干面粉中，以去除油腻，不令孔隙堵塞。

4. 避免与腥物接触

古玉器若接触了腥物，不但会使玉器也有腥味，还会损伤玉质。人们发现，在海滨出土的玉器，很少有完美的。古人认为是腥气或腥液伤了玉器。其实，这是因为腥气或腥液中所含的化学物质会腐蚀玉器，从而导致玉质受损。因此古玉器不能接触腥物。

▲ 和田玉“胡人”摆件

▲ 和田玉“弥勒佛”摆件

5. 保持适宜的温度与湿度

要保持和田玉所处环境适宜的温度与湿度。过于干燥的环境容易使水分蒸发，不利于和田玉的保养。如果温度不适宜，也会使其失去艺术价值和经济价值。

6. 避免与火源接触

和田玉也不能靠近火源和热源，否则其表面光洁透明的色浆可能会褪去。和田玉近火受热，容易产生裂纹，有损玉质，从而变得光泽暗淡，透明度也会降低。此外，很多和田玉都曾浸蜡，高温会使蜡熔化，从而使玉器不再那么光亮。我们可能常看到玉器店的柜台里放着一杯水。这是由于柜里的射灯温度较高，对玉器不利，玉器商便用水来调节柜里的温度和湿度，从而减少射灯对玉器的影响。

▲ 和田玉“回头鹅”手把件

▲ 清 和田玉“连年有余”摆件

▲ 和田玉“花开富贵”摆件

和田玉的价值与收藏

和田玉的价值

和田玉是玉中珍品，享尽了世人的赞誉，近年来在投资和收藏方面的行情较好，市场价格也持续走高，投资和收藏的前景广阔，使投资者、收藏者信心倍增。可以说，和田玉是大自然送给人类的瑰宝，和田玉文化是中华民族灿烂文化的组成部分。现如今，越来越多的人加入投资、收藏和田玉的队伍。

◆稀有性

和田玉俗称“真玉”，又被称为“山之精英”，展现了大自然出神入化的造物手法。与其他的玉石相比，和田玉特别是和田羊脂玉经过上千年的开采，已经越来越罕有，籽玉更是非常稀少。可以预见，和田玉将会越来越罕有，价值也会不断增高。

昆仑山海拔约4500米的冰峰是和田玉的产地，这里极其寒冷，严重缺氧，山峰陡峭，攀登困难，自然环境极其恶劣，非常不易开采，产量自然不多。虽说现在和田玉的年产量有几百吨，但其中可用于制造工艺品的上乘原料数量非常少。

▼和田玉“苦行僧”摆件

▲ 和田玉"母子情深"摆件

◆ **不可替代性**

和田玉是中华民族的稀有珍宝，其特殊的成因曾引起国内外不少专家、学者的关注。通过对地质条件的研究，人们发现形成和田玉的特殊环境非和田莫属，它是世界独有的，具有不可代替性。透闪石是和田玉的主要矿物成分，具有温润、细腻的特点，与俄罗斯玉、青海玉等相比，显得更细、更润。

◆ **艺术观赏性**

和田玉因美丽而闻名遐迩，其美丽的颜色和温润的质地，被人们所追捧。

玉雕工艺品如果要受到人们的关注，就需要雕琢技师运用智慧、花费大量心血。多姿多彩的题材、吉祥美好的寓意、炉火纯青的雕工、淳朴高雅的气质、博大的文化内涵无不反映出玉雕大师的天赋与智慧。和田玉工艺品具有极高的艺术观赏性，令人赏心悦目。尤其是一些寓意好的作品，直接反映出人们的美好希冀与感情寄托。观赏把玩一件精美的和田玉器，是一种极高的艺术享受。

▲ 和田青白玉“鲤鱼闹莲”摆件

◆ 良好的保存性

文物和艺术品要想长久保存，都很不容易，如铁器、青铜器等容易被氧化腐蚀，字画、碑帖容易受潮霉烂，瓷器、陶器容易破碎，倘若不小心就有可能直接影响藏品的价值，使收藏者遭受巨大的损失。可是玉器却具有良好的保存性，不仅不容易氧化、霉变、腐烂、破碎，而且小件的玉还可以把玩，因而深受人们的青睐。

▲ 和田玉“和合二仙”摆件

◆保值升值性

和田玉的保值、升值是比较稳定的。近几十年来，和田玉的价格持续走高，许多人通过收藏和田玉来进行投资。其价格从 20 世纪 80 年代开始上涨，80 年代一级和田白玉山料每千克 80 元，籽玉每千克 100 元；到了 2005 年，一级和田白玉籽玉的价格达到每千克 10 万元以上，质量更好的以块论价。而现在，一级和田白玉籽玉的价格在每千克 100 万元左右。

再看其加工成本，一个五级玉雕工 20 年前月工资为 80 元，目前为 8000 元。工资增长 100 倍，而生产工效不可能这样增长，因此和田玉工艺品的售价也水涨船高。所以说，和田玉有很大的保值升值性，收藏投资和田玉能带来一定的经济效益。

▼ 和田玉籽料“童子戏鹅”摆件

和田玉收藏投资的原则

和田玉的不断升温吸引了越来越多的投资者加入到投资、收藏和田玉的队伍中，市面上琳琅满目的各类和田玉却让许多刚入门的投资新手晕头转向，不得其中要领。

收藏和投资某物品时，只有遇到精品，升值空间才会大，也才能给投资者带来更大的经济利益。那么什么样的和田玉才是精品呢？这其中包含两个方面的内容：一是玉石料本身的价值，前面已经讲到，和田玉可分为籽料、山流水和山料，三者价格差别很大。籽料因为经过了长久以来冰川流水的冲刷、磨砺，质地纯净润泽，但产量较少，因此价格会比山料贵数倍。二是雕工价值，每一件玉制工艺品都是凝结了艺术家大量心血雕琢而成的，具有非常高的艺术价值，其加工者属传统的民族雕工，即使相同的玉料，不同的人雕琢也可能会有迥然不同的价格，只有选择了精品，投资升值空间才会比较大。

▼ 羊脂白玉“喜鹊登梅”摆件

投资者还要注意，原创作品比一般作品的价值要高，高雅的作品比俗气的更受青睐。市面上普通作品多些，能化腐朽为神奇的原创作品非常罕见，其投资回报率比一般的作品高得多，而且年代越久远，价值越大。

▼ 和田白玉“年年有余”手把件

▲ 老和田玉“瑞兽”摆件

如今市场上出现了一些文化程度较高、眼光独到的年轻买家，这些青年收藏家更加钟情于内涵丰富、做工考究、精美雅致的和田玉籽料作品。通常来说，受教育程度高的收藏家更偏爱具有历史典故或雕刻自然景观的作品，这类藏品的升值空间比较大。

和田玉的品评

和田玉品评六要素

一看玉质：玉质是收藏的首要前提，玉质是关系到藏品价值的最重要因素。玉质包括质地、颜色、光泽、密度、绺裂、瑕疵等，在评定玉质等级过程中，这些都非常重要，必须引起我们的注意。

二辨造型：造型是玉器审美的构架，在决定玉器收藏价值方面具有非常重要的作用。造型与玉器的用途及玉坯形状密切相关，其大小比例要适当。质量上乘的玉器作品，造型匀称而不僵滞，自然大方且美观。

三鉴纹饰：纹饰是用来点缀玉器外观的，它的美很容易被人们发现、感受。鉴赏玉器纹饰要看结构、章法、繁简、疏密等的加工处理。美观的玉器纹饰结构应该疏密有序，统一而和谐。

四析工艺：令人赏心悦目的玉器雕痕利落流畅、细致入微；反之，雕痕呆滞粗糙、拖泥带水，收藏价值不会很高。

▲ 和田玉籽料“达摩”摆件

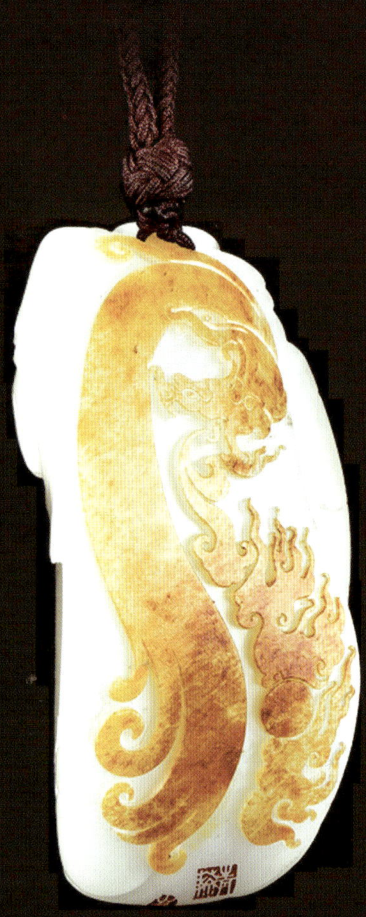

▲ 和田玉籽料“龙”手把件

五品艺术：所有玉器所追求的最高境界就是艺术，这也是最难做到的。气质非凡、形神兼备是艺术美的最佳表现，收藏价值很高；而貌似珍品，一味仿古的作品，不具备令人赞叹的艺术美，收藏价值也不高。

六观创新与仿古：创新与仿古是玉器包含的两大类艺术形态。从艺术创新的角度看，富有新意而个性张扬的玉器，自然具有很高的收藏价值，但对仿古玉器也不能一味否定，还是要具体情况具体分析。

▲ 和田碧玉花鸟壶摆件

玉之五德 >>>

我国的玉文化内涵深厚，古人在赏玉的同时将玉的自然美升华到了人文精神美的层面。古人常以玉比人，在把玩玉器的过程中，学习玉的品质，提高自身的节操。

古人认为玉有五德，分别是仁、义、智、勇、洁。人们把玉的特征与人格的美和道德的美联系在一起，形成了“君子比德于玉”。

“润泽以温”为仁：玉具有温润平和的特性，经常观赏、把玩它，会使人心态平和。经科学研究，人们发现这种说法是有科学道理的，放射性鉴定显示，白玉的放射值与人类一样，在其他任何矿物身上都没发现这种现象。这就仿佛是我们在把玩、欣赏玉石时，身边陪伴了一个仁爱宽厚之人，时刻感染着我们。这样看来，“玉养人”之说，并不仅仅是滋养之意，还有玉对人的熏陶的意思。

▲ 和田黄玉“刘海戏金蟾”摆件

▲ 和田碧玉“笑佛”手把件

“䚡理自外，可以知中”为义：玉的内在是否有杂质，我们通过玉的外表就可以看到，说明玉光明磊落、胸怀坦荡，这体现了玉之忠义。而在人际交往过程中，许多人知人知面不知心，在这方面，人确实应该自我反省，学习玉的坦荡胸怀。

“其声舒扬，尊以远闻”为智：叩击玉石，它会发出清脆悦耳的声音，且能传到很远的地方。这体现了玉有智慧，把自身的快乐传递给大家。我们每个人若能够修身养性，怀仁爱之心、乐善好施，就能够成为令人尊敬的谦谦君子。

▼ 和田玉“路路通”摆件

▲ 和田玉籽料“钟馗”手把件

“不挠而折”为勇：玉之勇气可从白玉的韧性中见到，宁可折断也不会屈服，不改其志。收藏玉石者，也应学习玉不屈不挠、不妥协、正直挺拔、勇往直前的品德。

“锐廉而不忮”为洁：白玉断裂时，断裂处会形成锋利的断口，但此断口并不会伤人，这又是玉与其他物质不同的地方，这方面体现了玉的洁身自好、品质高洁。

赏玩和田玉除了欣赏其外观的美感外，也要去体会玉的精髓，并以此自省，升华自身。

和田玉的真假鉴定

和田玉的常用鉴定法

1. 大型仪器鉴定

鉴定和田玉的大型仪器主要有电子探针、红外线光谱仪、控量光谱仪等。如今科学技术的发展日新月异，玉石鉴别可能还会用到更为先进的仪器。大型仪器非常精准，但也需要负担较高的测试费用，通常普通的收藏爱好者是承担不起的。

▲ 和田玉籽料“太平有象”摆件

2. 常规仪器鉴定

常规仪器是相较于大型仪器而言的。折射仪、分光镜、偏光仪、查尔斯滤色镜、荧光仪等，都是鉴定玉石时可以使用的常规仪器，而且具有十分稳定的准确性。

3. 普通放大镜鉴定

用高倍放大镜识别玉石，可以检查和观察到玉石表面的磨损、玉石解理（裂纹）、玉石断口、玉石内部的瑕疵、玉石的包裹体、颜色的对比度、玉石的结构和矿物组成、琢磨加工工艺、纹饰、加工质量等。为了更好地观察，有时还可以借助手电筒。

▲ 民国 和田碧玉“福字”摆件

▲ 和田墨玉青花料“钟馗”手把件

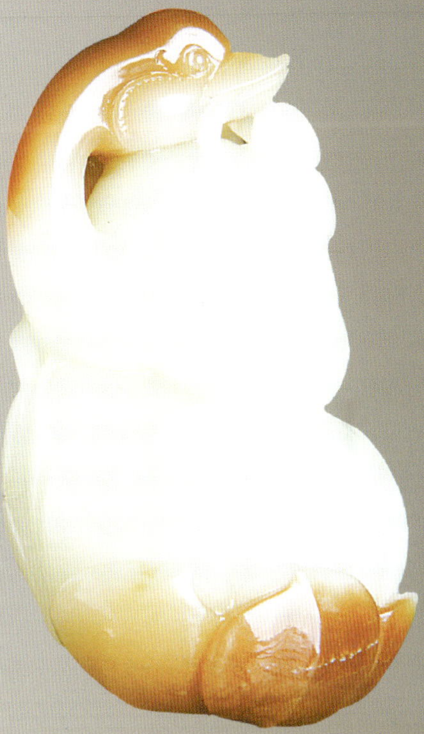

▲ 和田玉“鹅如意”手把件

和田玉的民间鉴定法

在民间也有很多鉴别和田玉的有效方法，它们可能在叫法上不相同，但基本方法大致相同。下面介绍五种实用而简便的民间鉴别方法。

1. 清水鉴别法

在玉上滴一滴清水，如水成露珠状久不散开，说明此玉质量上乘；反之，若水滴在玉上面很快消失，说明此玉质地很差。其原理是：上乘玉料结构致密，难以吸水；石头则质地疏松，容易吸水。

2. 触摸法

由于玉质地细密、密度大，拿在手里掂一掂，有沉重的下坠感。相同体积的玉比石头显得更沉重。质量上乘的玉，用手或面颊触碰，会有冰凉润滑之感，石头就不会感到冰凉。

3. 透视观察法

如果没有什么经验，可以把玉对着如阳光、灯光，甚至是手电筒光仔细观察，如果玉石颜色剔透、透色分布均匀，基本上可以断定是真玉。

4. 舌舔法

用舌尖舔一舔玉，玉有涩涩的感觉，而石头则没有涩的感觉。

▲ 唐 和田白玉“三羊开泰”摆件

翡翠摆件与手把件

从古至今，翡翠一直是东方民族最喜爱的玉石珍品，被人们尊称为“玉石之王”。其色彩艳丽、光泽诱人、整体通透、温润光洁。人们还把它与钻石、红宝石、祖母绿一起列为四大名宝，且翡翠为首。

▲ 翡翠“百财”摆件

翡翠具有美丽、耐久和稀有的特性。翡翠的美既体现在斑斓的色彩上，也体现在它的温润细腻、光洁幽雅、富于内涵上。翡翠的耐久说的是它韧性强，磕碰击打不易损坏，连最坚硬的金刚石也比不上它的这一特性。利用翡翠美丽的外观和耐久的这些优点，可以将其雕成各种造型的摆件与手把件，如动物、花草、亭台楼阁等题材，令世人为之深深沉醉。翡翠的稀有说的是出产少，翡翠的形成条件较为苛刻，需要有钠元素的存在，且要在高温低压的情况下，经过漫长的地质演变过程才能够逐渐形成。缅甸的北部地区是翡翠的主要产地，而宝石级的翡翠在世界上的其他任何角落都没有出产。进入现代社会，开采力度不断加大，优质的翡翠原料已经很少出产，因此翡翠价格不断上涨。

▲ 清 翡翠“芙蓉”摆件

▲ 多色翡翠“连年有余”摆件

▲ 翡翠“观音”摆件

由于翡翠的品种比较多，其价格各不相同，跨越性很大，这使得不同阶层的人都疯狂推崇翡翠。另外，许多人认为翡翠是吉祥、幸福的象征，因此，被众人争相收藏、把玩，特别是一些品相极佳的精品更是在世界拍卖会上不断地缔造令人惊羡的天价。

翡翠的分类

种水分类

“千种玛瑙万种翠”所说的不是有上万种不同的翡翠，而是指翡翠的“种”变化万千。翡翠的矿物组成、颜色、质地、透明度被统称为翡翠的种水。在过去传统分类中种水被分为老坑种（或老种）、新坑种（或新种），而在实际的商业中，人们又将种的概念进一步细化、具体化、形象化，因此派生出了许多新的种，这种分类广为流传。这也从一个侧面说明了当代人们对翡翠的强烈喜爱，迫切地想了解有关翡翠的知识。下面介绍一下常见的翡翠种水分类。

▲ 翡翠“植福”摆件

▲ 翡翠镂雕“福禄寿”手把件

1. 玻璃种

具玻璃光泽，完全透明，纯净无瑕疵，少有杂质，无棉柳或石花，温润细腻，韧性强，感觉像玻璃一样清澈，在高倍放大镜下无矿物颗粒感。玻璃种有无色的，也有翠绿色的。无色的玻璃种，行话称之为“白玻璃”，很是剔透；翠绿色的玻璃种，业内也叫“色玻璃”或“老坑满绿玻璃种”，其翠色浓艳纯正、光彩夺目，颜色均匀和谐。玻璃种就像单晶体宝石一样，极少见石纹，即使有杂质也是棉絮渣状的。

通常说来，玻璃种均出自老坑，所以行业中也常称其为“老坑玻璃种”。老坑玻璃种是翡翠中的极品，是大自然创造的精华，历史上被皇家推崇的翡翠大多属于老坑玻璃种。玻璃种原材料不管制成什么类型的工艺品都能迅速吸引人们的目光，被爱玉者争相收藏。质量最好的玻璃种，看起来冰清玉洁，表面上常有一种隐隐的蓝色调的浮光游动，行话称之为“莹光”“起莹”或“起杠”。玻璃种翡翠在收藏界是比较罕见的，因而十分珍贵。

▲ 玻璃种翡翠“福在眼前”手把件

2. 冰种

顾名思义，它看起来就像冰或冰糖，半透明至透明，给人以冰清玉洁的感觉。质地纯净、清爽、细腻，虽不如玻璃种通透，但看上去也很纯净透明。在高倍放大镜下无矿物颗粒感。冰种有无色的，也有有色的，其特征是表面上有很好的光泽，质地可见细微小石花、棉絮等。冰种翡翠中常有的一个品种是絮花状或断断续续的脉带状的蓝颜色存在于冰地上，被称为蓝花冰。还有的以冰地为主，加上一点绿花、紫罗兰等，业内称为“冰种飘花”。无色的冰种翡翠和蓝花冰翡翠的价值没有明显的高低之分，其实际价格主要取决于人们的喜好。冰种翡翠中品相最佳、最澄澈通透的，在业内又被称为高冰种。

冰种翡翠与玻璃种不同的是，它有三分温润，还有七分冰冷。虽然冰种翡翠的价值比不上玻璃种翡翠，但在玉石市场上，天然、美观的冰种翡翠也是十分珍贵的。

▲ 冰飘花翡翠“一夜成名”手把件

3. 芙蓉种

芙蓉种翡翠就像出水芙蓉般柔和细腻，其颜色一般为淡绿色，不带其他色调，是很纯正的绿，色泽和谐一致，清爽而澄澈。它的质地比豆种细，结构略有颗粒感，却又看不到颗粒的界限，呈透明至半透明。细润的质地使其看起来不干不湿，敲击玉体，可发出清脆之音。虽不如玻璃种，但也不逊于冰种，色虽不浓却清澈，价格适中，容易被更多的人群接受。有的芙蓉种身上带有深绿色的脉，被称为“芙蓉起青根”，若有不规则较深的绿色分布其上，又称作“花青芙蓉种”。

由于芙蓉种颜色并不浓烈，制作出的工艺品多清爽怡人、质地较细、通透清澈，虽然每个特性都不是最佳的，但组合在一起却效果奇佳。芙蓉种翡翠也常制成雕件，雕刻师们会尽量减少雕工，多保留大光面，以体现其整体的种水与颜色和谐搭配的美观效果。芙蓉种翡翠属中高档翡翠。

▲ 芙蓉种“龙腾四海”手把件

4. 糯化种

糯化种翡翠的透明度低于冰种，看起来类似于浑浊的糯米汤，属半透明范畴，其名称也由此而来。

糯化种分为糯冰种和糯米种。糯冰种比冰种显得更浑浊一些，就像含有杂质的冰一样，也有学者将其归为冰种的类别。糯米种的透明度比糯冰种更低，在糯米种内部常会有大量细小的杂质分布，比较浑浊，且显得不够纯净。

5. 金丝种

金丝种翡翠质地细腻，少有绺裂、棉纹。矿物结晶颗粒较粗，凭肉眼就能辨认呈柱状或粒状的晶体轮廓，敲击金丝种，其可发出金属般的脆声。具有较鲜艳的翠绿色，沿一定方向间断分布，形成平行排列的丝带，绿色丝带有粗有细、可疏可密、长短不同，地子从透明到半透明。绿色丝带的色泽和绿色丝所占比例的多少，以及质地的粗细情况是品评金丝种翡翠的依据。质量上乘的金丝种翡翠应是绿色丝细而密、占面积比较大、颜色鲜艳又明丽；反之，颜色丝带分散稀疏或绿丝断断续续，且颜色又不鲜艳的，价值就很低。按照不同质地又可将金丝种细分为玻璃地金丝、冰地金丝、芙蓉地金丝、豆地金丝等。

▲ 糯化种黄翡“金玉满堂”手把件

区分玻璃种、冰种与糯化种的方法 >>>

准备一份如报纸等的文字印刷品，将厚度不高的翡翠放置在上面，透过翡翠玻璃种是能够清楚地分辨出字的，冰种只能看清轮廓但不能认出具体的字，而糯化种只能看到有字，但看不出字的轮廓。

▲ 清 翡翠糯化种“钟馗纳福”摆件

▲ 翡翠“富甲一方”手把件

▲ 晚清 油青种翡翠凤耳雕双龙戏珠纹赏瓶

6. 油青种

一般把绿色较暗的翡翠称为油青种，油青种是翡翠中的大路货，对其质地的要求不高，主要看它的颜色。颜色一般不是纯绿，会带灰色或蓝色调，或带有黄色调的绿色，还有浅青与深青之分。质地细腻、具有油脂光泽，因此得名“油青种”，如果其颜色较深，行家又称之为“瓜皮油青”。

油青色、蛋青色、蓝青色等为其常见颜色，颜色较沉闷不鲜艳，但透明度较好。

油青种的结晶呈微细柱状纤维集合体，有的肉眼就能辨认晶体轮廓，叩击玉体，可发出金属脆声。

其实油青种的种分、透明度、颗粒细腻程度都不错，但其绿色沉闷、昏暗，让人感觉阴冷，因此其价格一直不高，属于中档翡翠。

7. 白地青种

白地青种是比较常见的品种。这种翡翠的特征是地色较白，绿色似“云朵”飘浮在白地上，成团、成块、成片、成岛屿状的“云朵”仅仅是飘浮其上，而没有与地融洽地统一。其绿色很艳，有鲜明的翠绿色或黄杨绿色，这也是此品种的一大亮点。质地细润，玉体不透明，部分微透明，硬玉结晶呈微细柱状、纤维（变晶）集合体，肉眼尚能辨认晶体轮廓，叩击玉体，会发出石声或金属般的脆声。该品种主要为中档翡翠，少数绿白分明、绿色艳丽且色形好的，也可达中高档品级。

白地青种的翡翠常被雕琢成各种具有美好吉祥寓意的小型摆件，白色地上的不同形状的绿色为雕琢师提供了丰富的想象空间。由于质地中等、颜色缺乏厚重的立体感，其成品一般不会是精雕细刻而成的，因此整体价格不是很高，作为居室摆放或办公室陈列很常见，很少用来作为顶级的收藏品。

▲ 清 白地青种翡翠“青蛙如意”巧色笔舔

▲ 白地青种翡翠“鸳鸯戏水”摆件

8. 干青种

此类翡翠绿色浓厚且纯正，绿色鲜艳耐看，有时偏暗发黑，分布一般不规则，呈斑状出现。质地偏粗，肉眼即能辨认出粒状或柱状的晶体颗粒。透明度差，阳光照射不进，质地粗糙、水干，敲击玉体的声音干涩粗糙，这些是其明显缺陷，因此干青种翡翠属中低档翡翠。

9. 花青种

或深或浅的绿色呈丝、脉、云朵、不规则状分布，绿色分布不均，或较密集，或较疏落，地色为淡绿色或其他颜色。花青翡翠质地粗细均有，结构主要为纤维和细粒至中粒结构。花青种属中档或中低档品级的翡翠，结构较粗糙，水头不足，透明度一般不高，属半透明，敲击玉体，会发出沉闷的石声。

硬玉结晶呈细柱状、纤维（变晶）集合体，肉眼能辨认晶体轮廓。花青种可细分为豆花青种（地为豆色，结构较粗）、普通花青种（绿色不规则状或飘花）、马牙花青种（马牙种为地）、油底花青种（油青为地，飘有绿色）等。

▼ 干青种"一鸣惊人"手把件

▲ 花青种翡翠“花开富贵”摆件

10. 紫罗兰种

紫罗兰种是一种如同紫罗兰花那种紫色的翡翠，业内又将紫罗兰色称为椿或春色。中国道教和古代帝王非常崇拜紫色，从“紫气东来”“紫衣绶带”中可以看出紫色的崇高地位，紫色是神秘、富贵和华丽的象征。根据紫罗兰种的紫色色调的不同可将其细分为粉紫（紫色中微带粉色）、茄紫（紫色中带有茄子般的紫红色）、蓝紫（紫色中带蓝色）。其中粉紫通常质地较细，透明度较好，茄紫次之，蓝紫最差。质地多为中至粗的粒状结构，细粒者少见。翡翠中的紫色一般较浅，紫罗兰色的翡翠质地较差的偏多，常用来制作大型雕件及小把件。紫罗兰翡翠分为高、中、低各个档次，估计其价值需要结合质地、透明度、工艺制作水平等不同指标进行综合评价。质地细腻、整体通透的紫翡翠，虽然并不是极品，但也很稀罕，是翡翠商和收藏家们愿意珍藏的品种。

▲ 紫罗兰翡翠“硕果累累”摆件

11. 豆种

行业内常有“十有九豆”之说，可见豆种是翡翠中最为常见的品种。豆种的特征很明显，绿色轻淡多呈绿色或青色，绿者为豆绿，青者为豆青。质地较粗，透明度只入表面二分，如豆般不太通透。肉眼能分辨柱状晶体，常多棉柳，苍蝇翅、稀饭渣等，在强光下照射豆种一段时间，其易起小白花。敲击豆种翡翠，会发出石声。豆种翡翠的家族是比较庞大的，简单点分类就可细分为豆青种、冰豆种、糖豆种、田豆种、油豆种和彩豆种等近十种之多。

在市场上豆种翡翠是很受欢迎的。原因一是，它的颜色是多数人喜欢的绿色，虽然不是翠绿欲滴，倒也鲜艳明快；虽然不是均匀满布，却也分布比较稠密。远观时，整体的绿色轻快明丽，比较符合中国人的审美情趣。原因二是，豆种翡翠价格不是很高。这是因为它的质地不够细腻，透明度也不高，在种水上没有明显的优势；它的颜色虽是绿色，但由于是呈点状分布的，与“帝王绿”的质量还有差距，因而它的颜色算不上顶级。全面综合考虑其特点，豆种翡翠的价位基本维持在中高档，而中高档商业级翡翠的很大市场份额被豆种翡翠占据。

▼ 豆种翡翠“出类拔萃”摆件

12. 马牙种

马牙种的翡翠质地虽较细，但不透明，与瓷器相似，行话称水分不够或水头短。其矿物结晶颗粒较粗，晶体轮廓肉眼就能辨认，敲击马牙种原料，可听到石声。马牙种翡翠以白色至灰白色为底色，大部分为绿色，色调简单，有时会有浅绿、褐等颜色混入，粗看上去品相不错，但有色无种，仔细观察能看到很细的条条白丝存在于绿色当中。

马牙种的翡翠往往做成各种小型的摆件或把玩件等，主要是利用其上深浅不一的绿色进行创意，然后加以俏雕，一般不会精雕细刻。

▲ 马牙种翡翠

商家分类

市面上的翡翠，有天然翡翠，也有经过优化处理的翡翠。商家据此将翡翠工艺品分为 A 货、B 货和 C 货。

▲ 翡翠“貔貅”手把件

A 货指出自天然、未经物理或化学方法破坏其内部结构的翡翠。

B 货指本身种水、颜色不佳而经过强酸、强碱浸泡等手段处理的翡翠。在这个过程中，翡翠的外观得到相应改善，但是原始岩石结构也遭到了破坏，并伴有物质注入或带出。为使被破坏的结构得以掩盖，增大翡翠的强度，经常用有机胶或无机胶做填充处理。

C 货指翡翠本身无色或浅色，经过人工染色处理过的翡翠成品。染色手段非常多，有的破坏翡翠的结构，也有的不破坏其结构，但色素都只存在于翡翠的裂隙间或晶隙间。通常被染成绿色、红色、黄色或紫色。

▲ 冰种翡翠“鸳鸯”摆件

翡翠名称由来 >>>

翡翠其实是一种以硬玉矿物为主的辉石类集合体。那么“翡翠”一名如何得来的呢?传说其名来源于古代的一种鸟，这种鸟的羽毛颜色艳丽异常，雄性叫翡鸟，羽毛呈艳红色;雌性被称为翠鸟，羽毛呈艳绿色。由于自然界产出的硬玉以绿色和红色两种颜色居多，于是人们便用鸟的名称称呼硬玉，翡是红色的硬玉，翠是绿色的硬玉，久而久之，“翡翠”这一名词就成为硬玉的统称。

▲ 冰种翡翠“送财龙鱼”手把件

翡翠的把玩

翡翠碧绿欲滴、晶莹剔透，它的出现使得我国原本以和田玉为代表的白玉风尚加入了艳丽的翠色。翡翠的美丽令人欲罢不能，工艺大师精心选材、精雕细刻，制作出各种题材的翡翠工艺品来满足人们的需求。

摆件

翡翠摆件是指能放在几案、桌子上或庭院中的一种玉雕工艺品。摆件题材丰富，有山水风景，也有人物传说。摆件下方一般会有一个底座，用以安放玉雕。翡翠摆件可细分为山子、屏风、如意、印玺、玉册、日常用具、器皿以及人物花鸟和各种仿古雕件等。

▲ 紫罗兰翡翠嵌红宝石“弥勒佛”摆件

1. 山子

山子即外形酷似山峰的雕件，大小皆有，大型的可达一两米，小的只有几厘米。山子常采用立体圆雕或浮雕的雕刻手法，主要表现自然山水景观，缀以车船、亭台、人物和动物等，以神话传说、名胜古迹等题材居多。山子注重层次感，追求诗情画意。历史上著名的翡翠山子有“大禹治水”等。现代也出现了许多优秀的翡翠山子作品，如“四大佛山”等。琢玉大师通常用整块翡翠雕琢山子，底座常是木质的。

▼ 翡翠“夏韵”摆件

▲ 翡翠山子摆件

2. 玉屏风

玉屏风是插于木架或玉座上的玉片，上面常有各种图案，如祥瑞文字、山水风景、神仙佛祖、花鸟虫鱼等，多采用浅浮雕手法。其插座多为叠台式、流云式或建筑式。现代优秀的翡翠屏风有“四海腾欢”等。翡翠屏风有单块或多块拼合之分，翡翠屏风的支架多是用上乘木料精心制作的。

▲ 翡翠屏风（一对）

3. 如意

《稗史类编》中记载："如意者，古之爪杖也，或骨角竹木，削作人指爪，柄爪可三尺许，或背脊有痒，手所不到，用以搔抓，如人之意。"如意起初是挠头杖、痒痒挠，后来逐渐发展成吉祥物。人们利用其爪杖的外形，做成各种精美的工艺品，经常用来作为礼物送给亲朋好友，祝福对方事事如意。如意呈长条形，通常是一头上弯，也有两头上弯的，中段上弓，头部多雕有灵芝、寿桃、云龙、喜凤等吉祥纹饰，也有的如意全身雕有纹饰。如意大小不一，大者长 30 厘米以上，小者可以手内把玩。可用来陈设或把玩，也可作为贵重赠品、婚配定礼。

▲ 翡翠如意

4. 印章

印章常被文人墨客使用，皇室成员使用的印章被称为玉玺，代表着皇权。康熙、乾隆等清代皇帝共留下 20 多枚玉玺，材质主要为白玉、青玉、碧玉、墨玉、翡翠等。但前朝发现的玉玺不多，咸阳曾出土一枚“皇后之玺”，高 2 厘米，边长 2.8 厘米，重 33 克，纽为螭虎纹，阴线刻“皇后之玺”。翡翠玉玺更是少见，仅清代皇室出现过翡翠玉玺。近代出现了不少翡翠印章，但很少真正用于印鉴之用，多用于陈列或把玩。

▲ 清 翡翠巧雕狮纽印章（两方）

5. 玉册

玉册是由多片雕有文字或画的长方形玉片组合而成的。玉册都配有图案丰富、螺钿嵌字的紫檀木匣，有的还嵌有金银图案。现代很少有翡翠雕琢的玉册。

6. 日常用具

翡翠日常用具包括文房用具、生活用具等。文房用具有镇纸、臂搁、笔架、笔筒、笔洗、砚滴、印玺盒等。生活用具有灯具、餐具等，如灯台、碗、杯、梳子以及花熏、花插、香炉等。这些翡翠日常用具都精美雅致，具有观赏和收藏价值。

▲ 翡翠雕龙纹香炉

▲ 翡翠荷蟹花插

▲ 翡翠“苍龙献宝”手把件

手把件

翡翠手把件多是拿捏在手中把玩的圆雕翡翠雕件，其名称是取其把玩之意。其长度一般不超过10厘米，题材丰富，有观音、寿星、钟馗、弥勒佛、达摩、童子、仕女等人物神仙类；有龙、凤、金蟾、貔貅、马、猴、虎、鹰、鱼等动物神兽类；还有神话传说、历史典故等题材。近代还出现了许多如璧、琮等仿古代玉器的翡翠把件。这些把件既可以拿在手中摩挲，也可以悬挂在小木架或博物架上陈列观赏。

▲ 翡翠“百财”摆件

翡翠的保养

翡翠虽然没有生命，但却需要小心呵护。种“老”的翡翠，质地细腻，晶隙细微，原有的水头能得到很好的保护，长久不变。而种“嫩”的翡翠，结晶颗粒粗大，晶隙宽大，水分含在晶隙中，一旦失水，翡翠就会变干，绺和裂随之产生，随着绺裂增多，翡翠就会失去原有的色彩和光泽。因此，必须好好保养翡翠，以延长其寿命。

“养”好自己的翡翠把件有一个非常简单而又有效的方法，就是经常把玩、摩挲，可使翡翠的水分被人体随时补充，翡翠的水头就会变好，越来越润泽，这就是人们常说的“人养玉”。

翡翠要小心呵护，避免磕碰。翡翠受到碰撞和摩擦后，可能破损或不再如之前光亮。虽说有时表面好像没事儿，其实它的内部结构已受到损坏，并产生了暗纹，这对翡翠寿命有很大影响。因此翡翠工艺品应该单件存放，避免受到碰撞、摩擦，把玩、观赏时要轻拿轻放。

翡翠不喜欢油烟。因此要注意保持翡翠摆件、手把件远离油烟环境。若是已经沾染了油污，可用温肥皂水快速清洗，清洗干净后，用棉花蘸酒精轻轻擦拭，最后置于通风处晾干。

不要将翡翠置于阳光下暴晒。翡翠性阴，久晒或处于高温环境容易产生物理变化，长此以往会导致水分尽失，光泽不再，干裂失色。

翡翠不可接触强酸溶液，否则其结构和颜色会被破坏。

要经常清除翡翠表面的灰尘。可用软布擦拭，或用软毛刷清理，这样可保持其光泽自然，温润艳丽。

▲ 翡翠“福禄寿”摆件

▲ 翡翠“同心协力”摆件

慈禧太后的翡翠 >>>

慈禧太后对翡翠极为推崇。她生前极尽所能搜刮天下翡翠极品，在她居住的长春宫里处处都是翡翠用品。翡翠盖碗儿是她的饮茶用具，翡翠筷子是她的餐具。她的头饰基本都镶嵌着翡翠，耳朵上挂着翡翠耳环，手指上戴着翡翠戒指，手腕上戴着翡翠手镯，手里经常把玩的是一棵翡翠白菜。慈禧太后死后用大量翡翠陪葬，有人估计，慈禧太后墓中翡翠的价值可达数千万两白银。可惜许多珍宝都在战乱年代流失了，包括慈禧生前情有独钟的一对绿皮红瓤、黑籽白丝的翡翠西瓜。这些价值连城的珍宝，至今下落不明。

▲ 翡翠“福运吉祥”手把件

翡翠的品评与收藏

翡翠的鉴定标准

关于翡翠的鉴定目前还没有一个公认的、统一的分级标准，很多业内人士根据自身的经验而各自建立了对翡翠评估的标准。一般来说，可以从以下几个方面对翡翠进行鉴定。

1. 翡翠的颜色

通过颜色来区分翡翠的等级，主要是依据翡翠颜色的纯净程度、分布状况以及色彩的浓淡。级别最高的是颜色纯正、鲜艳亮丽、浓淡均匀的祖母绿或翠绿；稍次的是绿色均匀，整体中有浓色斑点的正绿色、苹果绿或黄秧绿；再次之的是整体绿色不均匀的正绿色、苹果绿或黄秧绿；再下面的是微偏蓝绿色的；蓝绿色的更次之；蓝灰色、淡黄绿色、淡红色和淡紫色的翡翠是品相最差的。

▲ 翡翠“松鹤延年”摆件

2. 翡翠的透明度

翡翠的透明度可以分为五级：价值最高的是全透明的如无色老种玻璃地品种的翡翠；透明的次之；半透明的再次；微透明的更次之；不透明的翡翠等级最低。

3. 翡翠的纯净度

绺裂、黑点及白绵等是影响翡翠纯净度的主要因素。纯净度最高的翡翠，即使在 10 倍放大镜下也看不到任何绺裂、灰黑丝，只有个别白绵或小黑点出现在不显眼处。反之，含有较多的白绵、黑点、灰丝及冰碴物，肉眼即可看到绺裂的翡翠，纯净度比较差。

4. 翡翠的声音

把两件翡翠制品相互碰击，或用玉块叩击被测翡翠，一般发出清脆声音的是天然翡翠，声音沉闷的就不是天然翡翠。以前只有天然翡翠才能发出清脆之音，但是现在造假工艺越加高超，敲击部分翡翠 B 货、C 货，几乎都能发出与天然翡翠没有差别的声音，所以鉴定翡翠不能只靠听声音判断。

▲ 翡翠“福寿如意”手把件

▲ 翡翠“花开富贵”摆件

翡翠收藏四要素

对于翡翠藏品来讲，除了要保证藏品是天然翡翠以外，还要注意藏品必须有值得收藏的“藏点”。那么何为“藏点”？主要有原料优、创意新、雕工精和货品奇这四个要点。

品评翡翠必然要求其种老、水头足、透明度高，这是首要的。其次就是要求翡翠颜色鲜艳、纯正，毕竟翡翠是用来欣赏并装点生活的，美丽的色彩可以给人以美的享受，所以颜色种类越丰富、越鲜艳就越好。再次就是翡翠要质地细腻、块度大，因为只有质地细腻的翡翠才美丽润泽，而且翡翠块度越大也就越稀少、越珍贵。当然如果翡翠还带有自身独特的韵味就更值得收藏了。

对于一件翡翠藏品来说，雕琢的寓意美好、深刻，是能够引起收藏者的共鸣非常关键的一点，这要求藏品要新颖独特，内涵深刻，能够打动收藏者的心。总的说来，进行雕琢创意时首先要量料取材，进而再因材施艺，最后选定恰当的雕刻题材来体现美好的祝愿。真正的玉雕大师可以将很不起眼的翡翠原料的内在美挖掘出来，运用自己与众不同的创意，成就一件件鬼斧神工之作。

▲ 翡翠“节节高升”手把件

▲ 翡翠"观音"摆件

▲ 翡翠雕"罗汉"摆件

精致的雕工除了体现在精雕细刻外，还在于特殊工艺，如巧色、俏色、分色、描金、嵌宝、压金银丝等的运用上，真正技艺高超的雕刻师能做到"无工不细，无巧不施"，令人叹为观止。

翡翠市场中有许多非主流的作品，对于收藏者来说，这些翡翠作品的收藏价值是很高的，并不亚于主流的老坑玻璃种翡翠。比如有的翡翠颜色怪异，有的雕刻技法是借用印章的，有的雕刻题材与众不同而又十分可爱，有的能成组或成套出现，等等。

翡翠的真假鉴定

传统的鉴别方法

鉴别翡翠的传统方法主要是靠眼力观察进行判断，这主要依赖于丰富的翡翠知识和在接触翡翠的过程中积累的经验，归纳起来是"一看、二摸、三掂、四听"。

看，是指观察翡翠的特征，看它的质地与色泽，观察是否有瑕疵。通过观察翡翠的特征，可以判断翡翠的结构是否细密以及晶粒的情况。通过观察翡翠的光泽，可以判断翡翠的真假，如翡翠通常具有玻璃、亚玻璃或半玻璃光泽，颜色分布一般不均匀；而软玉、岫玉等玉石，一般具蜡状光泽和油脂光泽，颜色大多均匀。

▼ 翡翠"福禄寿"三彩摆件

▲ 翡翠“寿星公”手把件

▲ 翡翠“欣欣向荣”摆件

摸，是用手接触翡翠。翡翠有很好的传导效果，因此传热散热都很快，如果将翡翠贴在脸上或放在手背上会感觉很清凉。翡翠很坚硬，结构致密细腻，抛光后表面的光洁度非常高，摸起来非常柔滑细腻。

掂，就是判断重量。翡翠的密度为 3.30 ~ 3.36 克 / 厘米 ^{3}，比与其相似的软玉、独山玉、岫玉、澳洲玉等密度高，但又比水钙铝榴石等低。有经验者可通过掂重量初步判断一块玉是否为翡翠。

听，就是听声音。天然翡翠，尤其是质地好的翡翠制品，敲击时可以发出清脆悦耳的声音。通过听音判断，需要鉴定者有丰富的经验，只有经常接触翡翠的人，才能根据音质大体判断翡翠的真伪及翡翠的质地。

运用科学仪器鉴定

翡翠的鉴别涉及的知识面很广，要用到结晶学、矿物学、地质学以及物理学、化学等学科的知识，因此只通过一些所谓的老经验来鉴别翡翠是不准确的。如今科学技术不断发展，我们可以很好地利用科学仪器来鉴别翡翠，用科学数据说话。

1. 折射率测试

翡翠的折射率为 1.66，一般不易和其他玉石相混。光线照射到翡翠上，一部分光被反射，一部分光进入其中。因翡翠的密度大于空气，故光线在其中行进的速度会慢于在空气中行进的速度，光线就会发生偏向，这种偏向就是折射。折射仪，又叫“光率计”，是专门测定折射率的仪器，折射率高于或低于 1.66 的，一般不会是 A 货翡翠。这种鉴定方法是一种无损鉴定。

2. 密度测试

翡翠的相对密度为 3.33 左右。把需鉴定的翡翠放到不同密度的比重液中，在与翡翠密度相同的比重液中，天然翡翠既不沉底也不漂浮。

▲ 清 翡翠“葡萄缠枝”摆件

▲ 翡翠“巴山蜀水”摆件

▲ 翡翠巧雕“连年有余”手把件

▲ 翡翠“多子多福”摆件

3. 查尔斯滤色镜测试

查尔斯滤色镜是由仅允许红色光和黄绿色光通过的滤色镜片组成的，因此通过滤色镜观察物体，所有物体只会呈现黄绿色或红色两种颜色。在查尔斯滤色镜下观察天然的翡翠，其颜色不发生变化，绿色翡翠仍为绿色。以前有不少靠染色变为绿色的翡翠在查尔斯滤色镜下观察会变红。因此，那一段时期许多爱好翡翠和收藏翡翠的人都完全相信查尔斯滤色镜，当时人们把查尔斯滤色镜叫作照妖镜，认为在查尔斯滤色镜下如果翡翠颜色变红那肯定是假的。其实，这种鉴别方法是会造成偏差的。因为在查尔斯滤色镜下不是所有染色的翡翠都会变红。由于染色剂的不同，显示的颜色会有差异。目前所知在查尔斯滤色镜下呈粉红色至红色的翡翠是用重铬酸钾、硫酸铜加碘化钾染色的翡翠。

4. 荧光灯测试

大部分天然翡翠在紫外荧光灯下无荧光，个别翡翠有弱绿色、白色或黄绿色荧光。早期 B 货翡翠可发出弱至中等的黄绿、蓝绿色荧光。近期 B 货翡翠呈无至中等的蓝绿色或黄绿色荧光。染色的红色翡翠可发出橙红色荧光。

▼ 翡翠“官运亨通”手把件

岫玉摆件与手把件

地处辽东半岛北部的岫岩，被誉为“中国玉乡”，那里风光旖旎，草木葱茏，山藏珍宝，岩蕴美玉。岫岩是较大的玉石产地，是中国四大名玉之一的岫岩玉的产地，岫岩玉简称“岫玉”，其名称就是以产地命名的。

▼ 岫玉“喜鹊登梅”摆件

▼ 岫玉“凤凰牡丹”摆件

▲ 岫玉“仕女”摆件

岫玉的分类

岫玉一般可分为三大类，分别是蛇纹石质玉、透闪石质玉以及蛇纹石质玉与透闪石质玉混合体。

1. 蛇纹石质玉

国内所有蛇纹石质玉中质量最好的品种就是岫岩蛇纹石质玉。色泽美丽、晶莹通透是它最主要的特点。通常提到的岫玉，如不做特殊说明，就是指这种蛇纹石质玉。岫岩蛇纹石质玉以绿色为主色，带有黄绿和蓝绿两种色调的绿色是比较常见的；另外还辅以红、黄、白、青、紫、墨绿、淡黄、乳白等颜色，五彩缤纷、绚丽夺目，深受人们喜爱。它质地温润细腻、致密坚韧、晶莹澄澈，透明或半透明，光泽似油脂。其结构为鳞片状纤维交织，折射率一般为 1.56 左右，硬度为 3 ~ 5。

2. 透闪石质玉

岫岩透闪石质玉又名新山玉，有老玉和河磨玉两类。其中河磨玉是一种很名贵的璞玉，质地很坚硬，微透明至不透明，具有油脂光泽。它的主要颜色有奶白色、黄白色、青色、碧色、褐色和墨色这六种，其中最珍贵的就是奶白玉和黄白玉。河谷底部及两岸的泥沙砾岩层是原生矿的产地，原生矿大小不等，又被称为石包玉，因为带有皮壳是其明显特点，而无皮壳“露肉”的玉就叫河磨玉。老玉质地细腻、湿润，外表微透明有油脂状光泽，多呈翠绿色，类似翡翠，硬度较高。

3. 蛇纹石质玉与透闪石质玉混合体

这是一种过渡品种，既含蛇纹石又含透闪石。颜色翠绿鲜艳，硬度较高，与翡翠相似，因此又被称为甲翠。

▲ 岫玉雕“貔貅”摆件

岫玉的传说 >>>

在岫玉的产地岫岩流传着一个美丽而神奇的传说。很久以前，有母子二人生活在岫岩北部的山里，他们以耕种打猎为生。一天，儿子上山砍柴，见山坡上落着一只全身五彩斑斓的金翅长尾鸟，就快速跑过去想一看究竟，鸟见人后就腾空飞去了，刹那间山头上霞光万丈，光芒耀眼。晚上回到家，儿子就急忙对母亲说了白天所见之事，母亲说：“那金翅鸟就是凤凰啊！凤凰不落无宝之地，那山里肯定藏着宝贝！”于是，第二天母子二人就带着工具到凤凰落脚处去挖宝，整整挖了 49 天，最后他们找到一块玲珑剔透的绿色宝石，据传这就是最先发现的岫玉。后来，这块玉被一个姓邱的玉石匠人雕成了一枚玉章和一支玉簪。相传，这就是最早的岫玉雕。

岫玉的保养

岫玉忌暴晒，这会使其内部分子体积增大，使玉质发生变化，会失去水分，质地变得很干燥，颜色也不再鲜艳。因此应尽量避免将岫玉工艺品放在日照强烈的地方，避免过强的阳光对其直接照射。另外，也不要让岫玉工艺品长期处于高温的环境下，并避免岫玉与明火接触。岫玉容易跑水，往往越把玩越干，其实这是正常的自然现象，岫玉适合处于湿润的环境，因此可以把暂时不用的岫玉装在一个喷有少量水的塑料袋里，以保持岫玉水灵的特性，并使其颜色更艳丽。

▲ 岫玉“硕果累累”摆件

▲ 岫玉“百财来聚”摆件

岫玉的鉴定

与岫玉相似的玉石

自然界有一些玉石和岫玉比较相似，想要更好地鉴别它们，需要先了解岫玉的一般特征。岫玉的颜色为黄绿至蓝绿，折射率通常是 1.56～1.57，密度为 2.45~2.48 克 / 厘米^3。硬度变化较大，处于 2.5 ～ 6 之间，一般小于 5.5，能用小刀刻划。岫玉为鳞片状纤维交织结构，常见黑色包裹体和白色石花。下面我们来介绍四种与岫玉相似的玉石。

1. 玉髓

隐晶质结构，它通常比岫玉坚硬，折射率低于岫玉，内部较纯净，包裹体很少。它的颜色不像岫玉那么丰富，比较均匀、单一。

2. 大理石

与岫玉极为相似的大理石是一种淡黄绿色的大理石，仔细观察会发现这种大理石为细粒结构，常具有条带状构造，颜色呈层状分布，遇酸会起泡。

▲ 岫玉“福禄”摆件

3. 寿山石

寿山石硬度一般也不高，与岫玉相似的是一些透明度较高的冻石。二者的显著区别是冻石没有鳞片状纤维交织结构，且硬度也略低于岫玉。

4. 葡萄石

葡萄石比较通透澄澈，与岫玉最相似的地方是它的颜色，但是它的硬度明显高于岫玉，达到 6~6.5，用小刀刻不动，其密度和折射率也比岫玉大。

岫玉的优化处理

1. 染色处理

血丝岫玉带有神奇色彩，民间有人们佩戴的宝玉在人去世之后吸收人体的精血而形成血丝玉的说法，血丝玉在市场上也比较受欢迎。其实，国内尚未发现真正的血丝玉，市面上所见血丝玉都是用岫玉染上红色的染料，制成“血丝”仿制的。

具体做法是，先让岫玉受热产生裂隙，然后在染料中浸泡，这样染色而成的岫玉的颜色全部集中在裂隙中。我们可以用放大镜仔细观察，很容易发现染料的踪影。

2. 仿古处理

仿古处理就是使玉器表面呈现出类似古玉器的沁色和腐蚀凹坑，具体操作方法有采用化学染料浸泡、浸入油后烤焦、强酸腐蚀等。仿古处理鉴定比较复杂，需要结合玉器的各种特征进行综合鉴定。

▲ 岫玉“吹箫侍女”摆件

▲ 岫玉“富贵平安”摆件

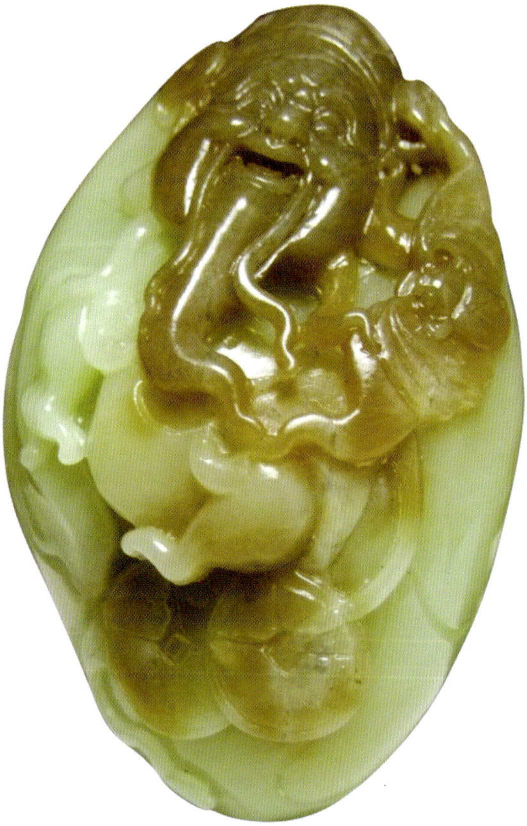

▲ 黄白岫玉“大财神”手把件

岫玉的文化

岫玉文化博大精深，代代相承，中国最早的玉制品中就有岫玉制品。人类发现并利用岫玉最早可追溯到旧石器时代晚期。1983 年，三件岫玉砍斫器在辽宁海城小孤山仙人洞古人类洞穴遗址中出土，它们是由仅一岭之隔的岫岩细玉沟出产的老玉制成的，有 1.2 万年以上的历史。岫玉制品还在中国内蒙古兴隆洼文化遗址和辽宁阜新查海文化遗址中被发现，两处出土了距今约 7000 ~ 8000 年的玉玦和玉匕。在辽宁沈阳新乐文化遗址出土了距今约 6800 ~ 7200 年的用岫玉制作的刻刀。距今 5000 ~ 6000 年的红山文化遗址中出土了由岫玉制成的玉龙、玉猪龙、玉蝉、勾云形器、马蹄形器等多种具有特殊代表意义的玉器。内蒙古翁牛特旗三星他拉村出土的高 26 厘米的大型玉龙，是用整块墨绿色岫玉圆雕而成的，雕刻精美，晶莹明亮，采用了周身蜷曲的造型，甚至运用了抛光技术，被誉为“中华第一玉龙”。1986年，在河北满城汉墓中，出土了西汉中山靖王刘胜及王后窦绾的两套金缕玉衣，它们距今2000多年，此发现使世界为之震惊。据考证，金缕玉衣所用玉片，就是用岫玉制作的。

▲ 岫玉“玉猪龙”手把件

▲ 岫玉“生意兴隆”手把件

独山玉摆件与手把件

独山玉，又名“南阳玉”或“河南玉”，质量上乘，温润细腻，是中国四大名玉之一。独山玉的光泽、颜色等甚至不逊于缅甸的翡翠，因此又被誉为“南阳翡翠”。

独山玉的分类

独山玉颜色丰富，七彩斑斓，我们按颜色将其分为了以下 8 种。

1. 白独山玉

主要为白色、乳白色，透明度为半透明至微透明或不透明，依据透明度和质地的不同又可将其细分为透水白、油白、干白三类，其中品相最佳、价格比较昂贵的是透水白。白独山玉约占全部独山玉总量的 10%。

▲ 独山玉“国色天香”摆件

▲ 白独山玉原石

2. 绿独山玉

绿独山玉主要为绿色、翠绿色，辅以灰绿色、蓝绿色、黄绿色等，颜色分布不规则，多呈带状、丝状或团块状，常与白色独山玉伴生。可细分为绿玉、翠玉、青玉、天蓝玉等品种，半透明至微透明，颜色与翡翠相似，具玻璃光泽。其中最名贵的品种为整体通透的蓝绿色独山玉。

3. 青独山玉

青独山玉是独山玉中常见的一类，其颜色主要有青色、灰青色、蓝青色，一般呈块状、带状分布，不透明。

4. 紫独山玉

紫独山玉，是指暗绿色质地上分布着淡紫色斑点的独山玉，质地细腻、硬度较强、不透明，有紫玉、亮棕玉等品种。

5. 黄独山玉

其颜色为深浅不同的黄色或褐黄色，呈半透明状，内部含有白色或褐色团块，与黄色呈过渡色。

▲ 绿独山玉“喜相逢”摆件

▲ 独山玉“杨贵妃”摆件

▲ 黄独山玉“瑞兽”手把件

6. 红独山玉

其颜色主要为或深或浅的粉红色与芙蓉色，因此又被称为“芙蓉玉”。质地细腻，富有光泽，微透明至不透明，约占独山玉总量的 5%，比较稀有，价值较高。

7. 黑独山玉

又名“墨玉”，颜色似墨，为黑色或墨绿色。颗粒粗大，常呈块状或团状，多与白独山玉伴生。该品种为独山玉中品相较差的一类。

8. 杂色独山玉

即在同一块玉上具有两种或两种以上颜色的独山玉。这种杂色的组合与分布可以为鉴别独山玉提供帮助。杂色独山玉可细分为墨玉、翠白玉、菜花玉、五花玉、间彩玉、斑玉、黑花玉等品种。杂色独山玉产量较高，约占独山玉总量的 50％。

▲ 独山玉“玉壶”摆件

▲ 独山玉“乐在其中”摆件

第二章 绚丽细腻的彩石

▲ 寿山石渔樵耕读摆件

福建寿山石，浙江青田石、昌化鸡血石和内蒙古巴林石开采历史悠久，并称“中国四大名石”。它们绚丽多姿、质地温润、肌理洁净、气质高雅，共同谱写了中国石文化的传奇篇章。

寿山石摆件与手把件

寿山石，居中国四大名石之首，其质地细腻，易于雕刻，而且色彩艳丽，美丽优雅，受到了世人的广泛关注，素有“石中之王”的美誉。

寿山石的分类

人们很早就开始开采并利用寿山石了，其采掘历史长达1500年。寿山石品种丰富，现如今有一百多个品种被发现并开采。我们按寿山石出产地点的不同把它们分成出自水田的田坑石、出自水涧的水坑石和出自山头的山坑石三大类。

▲ 寿山石“福禄寿”摆件

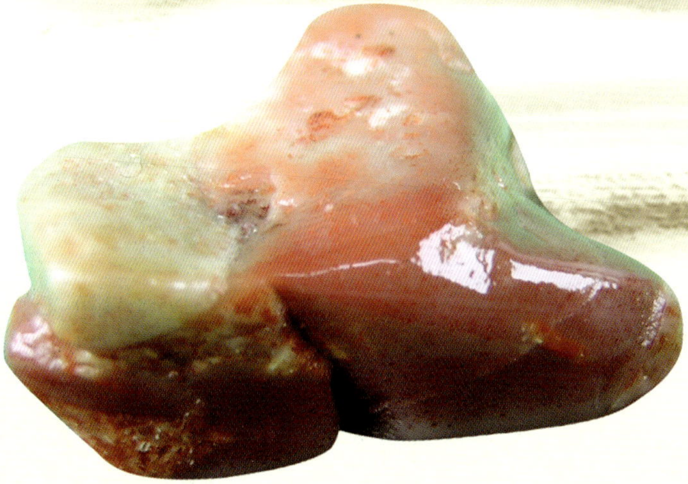

▲ 寿山石原石

▲ 寿山田坑石原石

田坑石

田坑石，属于次生矿形式产出的寿山石品种，其名称由来是因为其采集于田地中。田坑石呈自然形状，棱角不明显，在一两米深的田地底层沉积，常有外皮，红筋成格，肌理有萝卜纹。其中黄色者是最珍贵的，中华民族自古推崇黄色，黄色石显得雍容华贵，因此备受人们青睐。

田坑石按照颜色还可以细分为田黄石、红田石、白田石、灰田石、黑田石、花田石、硬田石、搁溜田石等。田坑石产地分上坂、中坂和下坂三个地段。靠寿山溪上游的地区是上坂，上游的水源好，出产的田坑石清澈通透，颜色微黄，光洁细腻；寿山溪的中间部分为中坂，所产之石大多温润有光泽，颜色浓重，石上的萝卜纹清晰；下游一带属于下坂，由于石头水冲性不佳，故石质不通透，色泽以桐油色、暗赭色为主，纹理较粗。

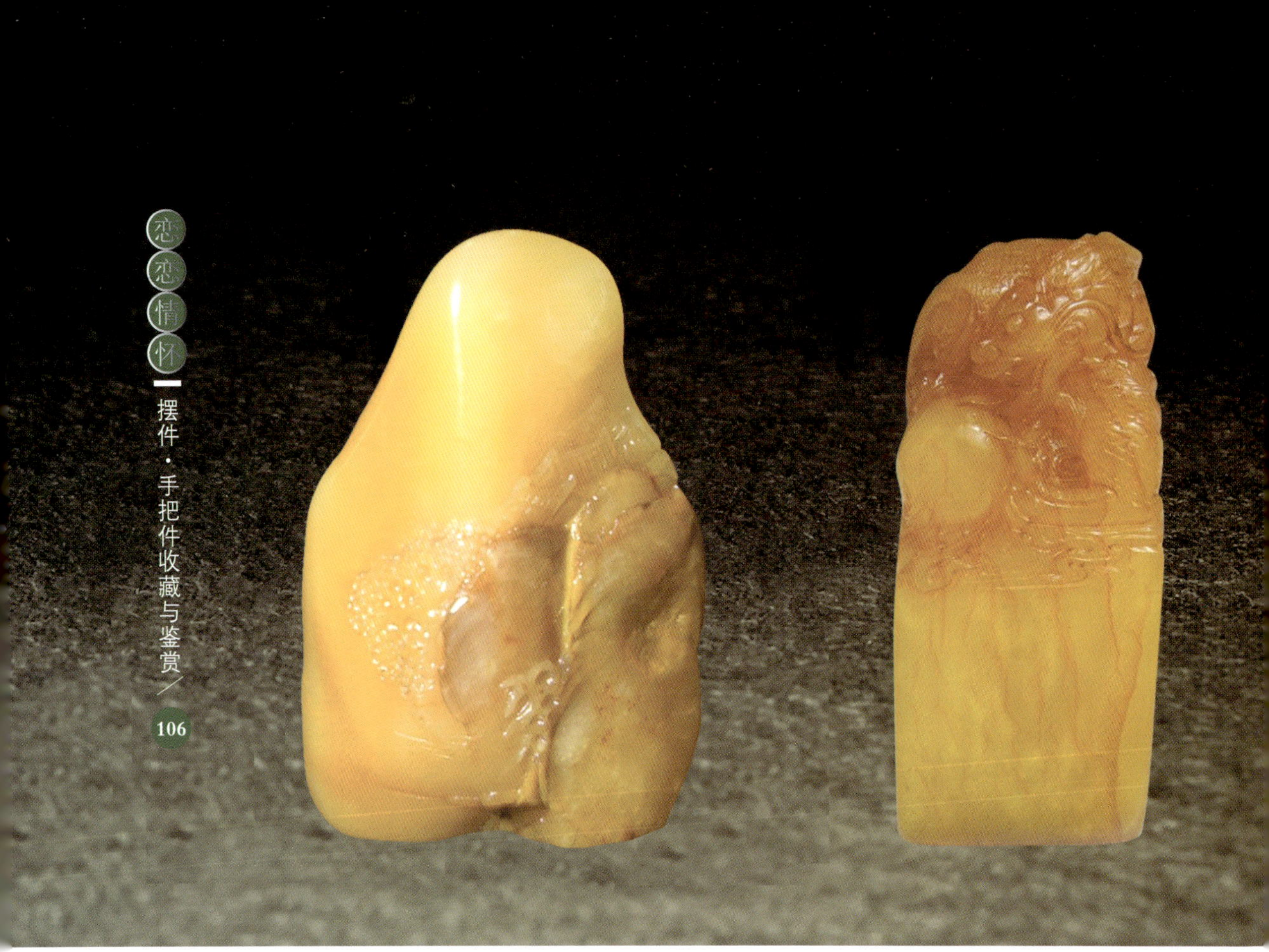

▲ 寿山田黄石摆件

▲ 带血丝的田黄冻石印章

1. 田黄石

田黄石有广义和狭义之分：广义的田黄石指整个田坑石，而狭义的田黄石是指田坑石中的黄色石头。田坑石中最常见、最具代表性的石种就是田黄石，其外形呈卵石状，棱角不明显，带有微透明的石皮，有油脂光泽，手感润滑，在紫外灯下常发乳白色荧光。

田黄石有田黄冻石、枇杷黄、橘皮黄、黄金黄、熟栗黄、桂花黄、桐油黄之分。其中，黄金黄、橘皮黄较为名贵；枇杷黄、桂花黄次之；桐油黄品相最差。田黄冻石是田黄石中一种透明度较高的石头，色如碎蛋黄，产量很少。田黄冻石、橘皮红、黄金黄、枇杷黄、桂花黄等大多产于中坂。

通常来说，大部分田黄石的外表都包裹着皮层，有的厚，有的薄，有的通体包裹，有的稀疏挂皮，形态变化万千，由表皮向里层其颜色逐渐转淡，乃至泛白。在块度较大的田黄石上，这种色彩的变化规律尤为明显。经过数百年的开采，田黄石的数量已经十分稀少，因此特别珍贵。

2. 白田石

白田石就是田石中的白色石头，古代也称“田白”。质地温润细腻，微透明，颜色有的是纯白，有的白中带嫩黄或淡青。石皮温润如凝脂，越往里层，颜色越淡，而萝卜纹、红筋、格纹却更加清晰，好像缕缕鲜血。质量上乘的白田石石体通透，纹理细密、少格。白田石比优质的田黄石略差，主要出自上坂和中坂。白田石中有一种俗称“金裹银”的品种，外裹黄色层、内为白色的白田石，产量极少，非常珍贵。

3. 红田石

红田石就是田石中红色的石头，古代也叫“田红”。红田石分两种：一种其红色是自然生成的，其颜色红中带赭，恰似橘皮色，故人称橘皮红；另一种是人工烧煅而成的，因农民烧田积草木灰肥，使得深藏土中的田石受热，表层逐渐变红，里面颜色不变，石农称其为煨红田石。橘皮红田石，珍贵而稀有，它质地细嫩温润，微透明，萝卜纹散布肌理。煨红田石也不多见，但经煅烧、受热后，石质变得干燥，易有裂纹，一般质量较差。橘皮红中的红田冻，质地晶莹纯净，颜色美丽，内部萝卜纹纤细而清晰，是田石中的珍品。

▼ 田黄“佛手”摆件

▼ 寿山白田石印章

▲ 寿山石“多子多福”摆件

4. 灰田石

灰田石就是田黄石中呈浅灰或者深灰颜色的石头。石质微透明，肌理中的萝卜纹肉眼可见，但是其间掺杂黑点的很多，而且泛赭黄色。

5. 黑田石

黑田石是指田黄石中颜色纯黑或者黑中带赭的，分纯黑、黑皮及灰黑三种，主要产于铁头岭及下坂一带。纯黑的黑田石通体黑中带赭，萝卜纹比较粗；黑皮又称“蛤蟆皮”“乌鸦皮”，仅外表有黑色皮层，就像癞蛤蟆的外表，肌里仍然是黄色；灰黑色的黑田石石质细腻，温润光洁，肌理内多有流水状萝卜纹。

6. 花田石

花田石又名五彩田黄石，是田石中很少见的品种。颜色有红、黄、青等杂色相间，有石皮，肌理内含有萝卜纹。其缤纷亮丽的颜色很讨人喜欢。

7. 硬田石

硬田石质地粗糙不温润，透明度很差，还含有很多杂质，不易于雕刻，属质量很差的田黄石。

8. 搁溜田石

搁溜田石是由于耕作或雨水、山洪冲击等原因而露出地表的田石。这类田石常被人偶然捡拾。因长期受到日晒雨淋，会变得不再温润，外皮坚硬、粗糙，了无生趣，其质量远不如泥水中的田石。

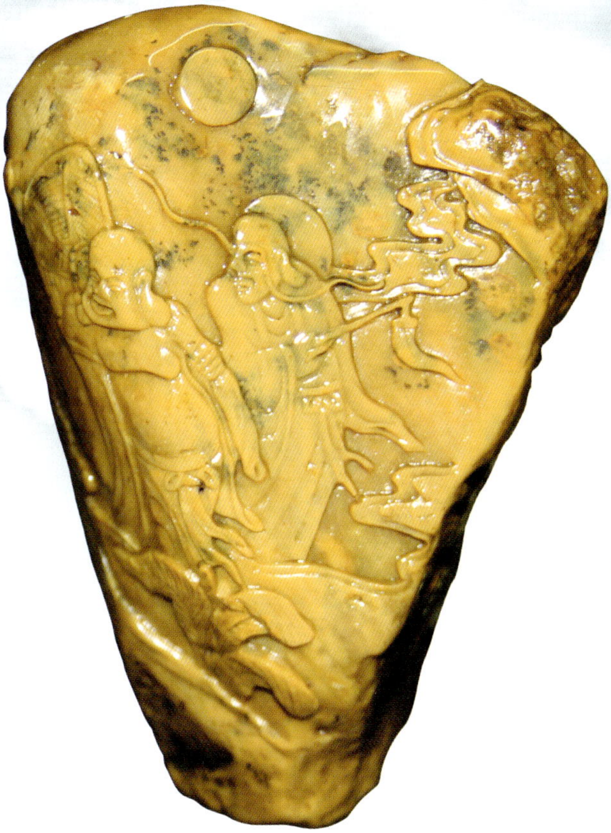

乌鸦皮田黄石“指日高升”摆件

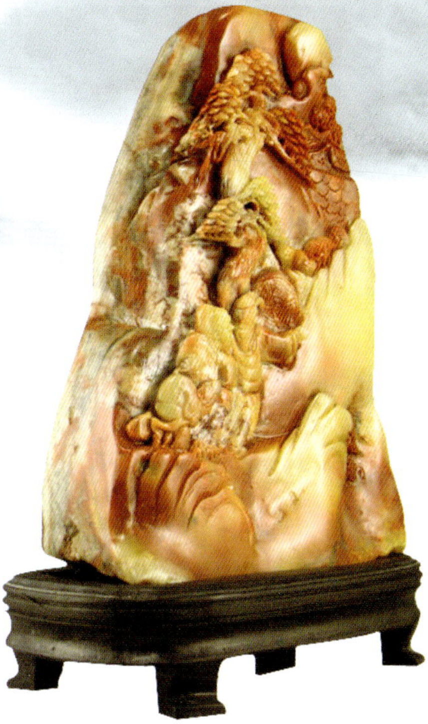

花田石“乔松之寿”摆件

水坑石

产于寿山村东南的坑头山麓矿脉中的寿山石叫作水坑石，其名称由来是因其深藏于终年积水的坑洞之中。它的主要产地是坑头洞和水晶洞两个矿洞，因此又名坑头石。水坑石具有“产区小”“产量小”“块头小”的“三小”特点，这是因为坑头洞和水晶洞所处位置山峰陡峭，终年积水，矿层稀薄，多已绝产，非常稀有珍贵，故被单独归为一类，与田坑石、山坑石并称。

水坑石产地的地下水丰富，地下水长期浸泡、侵蚀矿石，所以水坑石整体晶莹澄澈，温润细腻、有光泽，品质虽稍逊于田坑石，但优于山坑石。水坑石颜色以黄、白、灰、蓝等色为主。按出产坑洞的不同可将水坑石分为坑头水晶洞石、坑头洞石两大类。坑头水晶洞石又包括水晶冻石、鱼脑冻石、黄冻石；坑头洞石包括鳝草冻石、牛角冻石、天蓝冻石、桃花冻石、玛瑙冻石、环冻石、坑头冻石、坑头石、冻油石。

▲ 寿山石“罗汉”摆件

▲ 寿山石“安居乐业”摆件

山坑石

山坑石是寿山石中最为常见的，其种类丰富，开采历史悠久，代表了各山系矿洞所产的寿山石，各产区的矿石质量差别很大。种类繁多的山坑石，分类方式很多，按成因和产状可分为次生矿型和原生矿型。山坑石主要有高山石、都成坑石、善伯洞石、月洋石、旗降石。

1. 高山石

有30个品种的寿山石属于高山石，其特点是颜色和纹理丰富，质地略松，含水分较多，自然条件下容易产生裂纹，须常擦拭油来滋润它。高山石品种多，藏量大，开采早。质地洁净的纯黄、纯红、纯白的高山石很少见。掘性高山石肌理有萝卜纹，与田黄石很相似。高山石的主要品种有红高山石、白高山石、黄高山石、虾背青石、巧色高山石、高山冻石等。

2. 都成坑石

都成坑石多夹在坚硬的围岩中，很少有体积大的原石。

都成坑石结晶性较强，质地坚硬、温润。石体比较通透，光泽度较好，常有并列的弯曲条纹存在于肌理内，如水波荡漾，并常有灰色的石皮或色斑。都成坑石层较薄，一般不超过 20 厘米。都成坑石的颜色丰富、五彩缤纷，最常见的颜色是黄、红、白三色，不易变色。其中质地温润的纯黄色石，可以和田黄石一较高下。都成坑石以它绚丽斑斓、光彩夺目的特质，吸引了世人的目光。其主要种类有白都成坑石、红都成坑石、黑都成坑石、黄都成坑石、花都成坑石、都成坑晶石、琪源洞都成坑石等。

▲ 寿山石“老寿星”摆件

▲ 寿山石“路路通”摆件

▲ 寿山石山子“福寿双全”摆件

▲ 寿山石草原牧歌摆件

3. 善伯洞石

善伯洞石比较坚硬，温润凝脂，蜡性较强，富有光泽，呈半透明或微透明状。富含金砂地，与都成坑矿脉的石种外观比较相近。其颜色有黄、红、白、灰、紫、黑等，色彩斑斓。单色或多色交融，界限分明。如果是纯色的，常以颜色命名，如黄善伯、白善伯等。价值高的是质地细润、颜色蜜黄的，枣红色的很稀有。有的善伯洞石中有金砂点，有的带有粉白色的色斑，俗称花生糕。

4. 月洋石

月洋石分为芙蓉石和峨嵋石两大类，其中最有名的是芙蓉石类。

将军洞和天面洞是芙蓉石的主要产地，它质地细嫩、颜色纯洁，犹如初开的木芙蓉花，故得此名。明末清初，文人雅士就极其推崇芙蓉石“似玉而非玉”的特质。

将军洞所产的芙蓉石质量最好，石质细嫩光滑，温润洁净，光泽柔和。后来将军洞塌陷，导致这种芙蓉石绝产。目前市场上常见到的是白色的芙蓉石，多为数百年前的旧物，其价值可与田黄石相媲美。天面洞也是芙蓉石的主要产地之一，但其出产的芙蓉石品质逊于将军洞芙蓉石。

芙蓉石原本已绝产多年，近年来，由于一些石农重探老洞，又陆续发现了少量的芙蓉新石，位于月洋山顶部的古矿洞周围的新洞所产的芙蓉石，质地细腻，以藕尖白最为珍贵。

5. 旗降石

山坑类中还有一个著名的寿山石产地是旗降山矿脉。旗降山原名奇艮山，在猴柴磹山的东面，所产石质地细密，绚丽多姿，富有光泽，常常是数色相间，各色之间界限分明，比较具有收藏价值。

▲ 寿山石“宝琴立雪”摆件

▲ 寿山石“众仙祝寿”摆件

▲ 寿山石“海底世界”摆件

▼ 寿山石“永结同心”摆件

寿山石的把玩与保养

寿山石雕摆件与手把件

寿山石温润澄澈的本质需要通过雕刻才能更好地体现，但是寿山石和翡翠、和田玉比较起来，其质地相对较软，琢磨时不需要用高速电动的金刚石刀具，寿山石的雕刻工具比较简单。

寿山石摆件的体积往往较大，其创作题材有山子、大印玺、壶、盆、炉，以及各种山水花草、飞禽走兽、人物仙佛等。

▼ 寿山石“美人鱼”摆件

▲ 寿山石方章

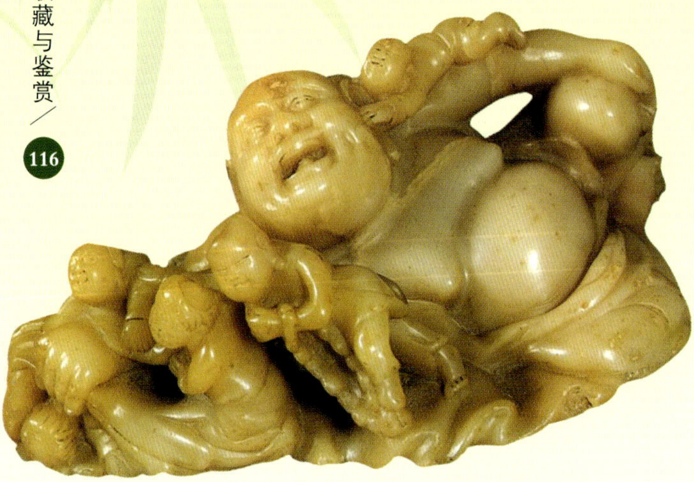

▲ 寿山石“弥勒佛”摆件

寿山石手把件主要是圆雕的寿山石雕件，题材丰富，大小以适于握在手里为宜。

寿山石手把件有比较悠久的历史。明朝之前，寿山石雕中就出现了一些圆雕小件，那时的作品外表还不够圆滑，技艺显得较生疏，还不适宜拿在手中把玩，因此，明代之前只能算是把件形成的萌芽时期。

明代中期，寿山石的温润美丽吸引了越来越多的人的视线，质量上乘的田黄石、芙蓉石等更是让人十分青睐，文人墨客争相收藏、品评，官员、商贾也紧随潮流，人们对寿山石的需求，推动了寿山石手把件工艺的大发展，许多著名的寿山石雕刻大师出现了。元末明初兴起的寿山石印章，由于色泽雅致美丽，纽饰精巧，惹得收藏家们争相收藏，文人墨客更是对其爱不释手。

清朝时期，寿山石雕刻艺术不断达到新的高度，寿山石手把件也以其独特的魅力吸引着玩赏家的目光，尤其备受文人的推崇。

寿山石的保养

想要收藏寿山石，就必须了解寿山石的保养知识。寿山石质地较软，温润有光泽，而且开采过程中有时会用到爆破手段，使得一些寿山石结构遭到破坏，很多都存在裂纹，如果不妥善保养，长久下去就会干燥开裂、光泽暗淡。

总体说来，寿山石的养护比较简单，易于操作，但也不可随意处置，要注意不同的石种有不同的特性，养护需要因石而异。

第一，寿山石工艺品宜摆放在室内。应避免风吹、沙尘、阳光暴晒，寿山石原石和雕件最忌高温、干燥，保持其润泽是养护的关键。新采的矿石不能长期放在山野或室外，应及时放在阴湿的环境中，如地窖等地方，为保持其润泽还要时常洒些冷水。陈列着寿山石的玻璃柜中，最好放一杯清水，以保持湿度。

▲ 寿山石“节节高”摆件

▲ 寿山石“三宝佛”摆件

第二，雕品的表面沾染了灰尘、污物等，千万不要用金属片或其他硬物刮，要用柔软的绸布轻轻擦抹。如果表面积了很厚的灰尘，可先用温水将其浸湿，再用软毛牙刷轻轻刷洗。

第三，需要油养的寿山石应定期上油。存放时要收藏于锦盒中，放置之前最好擦一层薄薄的橄榄油或者白茶油，使石表吸透油质，从而变得更加晶莹润泽。为使油脂挥发得慢些，可再包上一层塑料薄膜，使油脂更好地被寿山石吸收。

第四，寿山石手把件，最好经常拿在手中把玩，以人体的油脂来养其石性。但需要注意的是，薄意雕作品不可经常摩挲，因为薄意雕作品的图案极易受损。

第五，寿山石石性偏软，应轻拿轻放，也不要和硬物放在一起，以免磨损石表，更不要磕碰，以免造成损伤。

第六，如果不小心碰伤了寿山石工艺品，可以先用刀修平，再用细水砂纸打磨，然后抛光便可；也可以寻求专业的雕刻师的帮助。

第七，名贵石种应尽量少携带出去，减少意外损伤的机会。

以上是保养寿山石及其工艺品应注意的问题，其他的注意事项有待石友们在收藏过程中慢慢发现和总结，享受和寿山石接触、交流的乐趣。

▲ 寿山石“三寿星”摆件

▲ 寿山石“踏雪寻梅”摆件

寿山石油养须知 >>>

寿山石养护的一种常用方式是油养，但这并不代表所有的寿山石都适合油养。不同品种的寿山石有不同的保养方法，方法不适宜，反而会有损石头的品质。

油养对一些石种非常不利，例如柔嫩洁净的芙蓉石，如果沾了油，光彩就会慢慢消失，变得灰暗，所以，芙蓉石一定不能油养。即使是平日把玩，也应该先把手洗干净再接触芙蓉石。把芙蓉石放在洁净的脸庞或者鼻翼两侧轻轻摩擦，用微量的脂肪油保养，是非常好的方法。

▲ 寿山石“蛟龙戏水”摆件

有些人保养石头时，只图省事，将缸里盛满植物油来泡石头，这种做法是不可取的。确实有很多高山石长期泡在油中，石体会变得更加通透，但这也会令石头的色泽变差，变得不自然。像鲜艳夺目的高山石如果长期泡在油里的话，就会失去昔日的光彩。此外，许多硬度比较高的寿山石本身是不透明的，如峨嵋石、旗降石，不管它们在油中泡多久，也不可能变通透。因此用油养石必须要因石而异。

寿山石的收藏价值

近年来，收藏寿山石的人越来越多，随着需求的增加，寿山石资源越来越少，也因寿山石独具的魅力特征，其身价不断提升。寿山石的收藏投资价值主要表现在以下几个方面：

第一，观赏价值。寿山石温润如凝脂、晶莹澄澈、富有光泽，它的颜色更是斑斓绚丽，变化万千。其中的田黄石具有“细、洁、润、腻、温、凝”六德，深受世人青睐。寿山石石雕工艺历史悠久，风格多样，雕工出神入化。寿山石有深厚的文化积淀，现存的关于寿山石雕的古今书籍品种有上百种之多。另外，寿山石品种繁多，有一百多种，在中国的四大彩石中品种最丰富，具有很高的观赏价值。

第二，拍卖价值。近年来，寿山石拍卖的价格和成交率均不断提升。在北京某次拍卖会上有一方田黄石素方章，成交价高达 77 万元。此外，在国际性拍卖会上，寿山石成交价格在数百万元以上是常有的事，上千万元的也并不鲜见。

第三，实用价值。名石种类繁多，如玛瑙、琥珀、雨花石等都远近闻名，它们有的美在纹理奇特，有的妙在色彩斑斓，有的奇在造型多变。而寿山石不菲的价值除体现在它的石色瑰丽多姿、石质温润如玉外，还在于它可以雕刻成印章或其他工艺品，具有重要的实用价值。

第四，不可再生价值。寿山石不仅是珍贵的文化资源，同时也是不可再生的自然资源和旅游资源，因此，应该合理而有效地保护和开发寿山石资源。

▲ 寿山石“老鹰”摆件（一对）

▲ 寿山石雕“瑞兽”手把件

▲ 寿山芙蓉石“富贵有余”摆件

为什么说寿山石是投资的好选择？ >>>

现如今，越来越多的人从投资股票、债券、房地产等领域转向投资收藏田黄石、芙蓉石等精品寿山石，寿山石收藏与投资越来越火热。那么，为什么说寿山石是现如今投资收藏的好选择呢？下面我们来分析一下其中的因素。

第一，增值率高。寿山石从开采到加工，到销售，再到投资收藏，每个环节都有可能增值。尤其是寿山石被列为候选“国石”的第一名以后，更是名声大振，成为投资的新热点。如今，越来越多的人加入到收藏、把玩寿山石的队伍中。质量上乘的寿山石本来就很稀有，炉火纯青的雕刻工艺更增加了寿山石的价值。

第二，价格稳定。艺术品投资的特点是风险低、回报高、周期长。从长远来看，艺术品有很强的避险能力，其价格始终保持稳定上涨。从明朝到现代，几百年的岁月里，不管多大的变故，包括战争、自然灾害乃至经济危机，寿山石及其艺术品的价位，始终是稳中有升。

第三，前景广阔。寿山石资源越来越少且不可再生，因此，其价格持续走高。再加上一些寿山石收藏者的惜售心态，价格更是明显上升。一些品相很好的寿山石经知名艺人精心雕刻，更是锦上添花，其收藏投资价值有可能翻几十倍甚至上百倍。

第四，市场繁荣。如今寿山石知识进一步普及，赏玩队伍日益壮大，其潜在的商机也逐渐被发现。目前在国内外绝大多数地区寿山石都有市场。随着寿山石市场的全面拓展，寿山石价格与日俱增。

投资、收藏和鉴赏寿山石，不仅可以获得一定的财富，还可以深切感受到与石交流的乐趣，获得心灵的慰藉，这也是为什么有那么多收藏家沉醉其中的原因。

▲ 寿山石“降龙罗汉”摆件

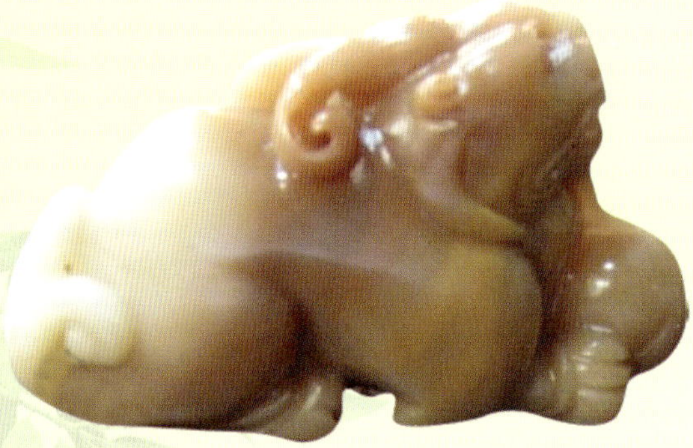

▲ 寿山芙蓉石“古兽”手把件

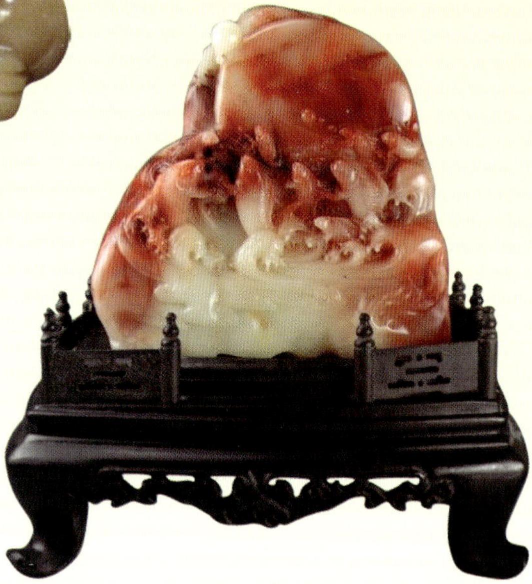

▲ 寿山芙蓉石“鱼跃龙门”摆件

▲ 寿山芙蓉石“金玉满堂”摆件

寿山石的真假鉴定

寿山石的市场越来越火爆，价格也是不断上涨，因此很多人利用寿山石造假，以此牟利。寿山石本身又色彩斑斓，品种繁多，许多品种的外观还有相似之处，因此鉴别寿山石比较复杂。那么，想要收藏、赏玩寿山石的朋友就更要了解寿山石的鉴定知识。

寿山石仿制品的鉴别

市面上有很多寿山石仿制品是用人造塑料制成的。田黄石常用半透明至接近透明的浅黄色塑料来仿制，普通寿山石用彩色的塑料来冒充。鉴别仿制寿山石要注意以下几点:

第一，人工仿制的田黄石没有石皮，颜色分布得十分均匀，内外完全一致，且比天然品更浓厚，显得不自然。而天然田黄石基本都有石皮，普通寿山石的颜色有深浅变化。

▲ 寿山石“云淡风轻”人物摆件

▲ 寿山石“巫山神女”摆件

第二，塑料仿制品内部通常可见气泡，或表面出现半球状凹坑。田黄石具有萝卜纹、红格纹或红筋，但仿制品没有，且透明度均匀一致，毫无变化。

第三，用小刀刮仿制的寿山石，会起毛刺；用小刀削，呈片状卷曲。而用小刀刮天然寿山石，其碎屑是粉末状的。

第四，仿寿山石的密度比天然品低。

第五，对样品加热，若样品软化、变形、熔融甚至烧焦，则说明是塑料仿品。另外，可用热针刺样品的不显眼处，若软化又冒白烟，可断定是塑料仿品。

第六，在紫外线照射下，合成有机树脂、塑料等仿制的寿山石会发出强的荧光。

寿山石的优化处理

由于形成过程中的一些缺陷和人类在开采、加工寿山石时不慎损伤了石体等因素，许多天然寿山石往往质量欠佳、不够美观。在这种情况下，一些商人为了获得更高的利益，使用人工优化处理有缺陷的寿山石，下面我们来介绍一下寿山石的优化处理方法。

1. 煨乌处理

煨就是用稻壳烟熏烤炉中的寿山石，使其表面形成一层黑漆般的皮层，这种处理方法又叫煨乌。自明末清初至今，煨乌方法一直都在使用，常被采用煨乌处理的石头有猴柴磹石、墩洋石、柳坪石、高山石、旗降石中的粗石，寿山石农把它们埋于稻谷壳中，用火煨烧，之后其外表就会变得如黑漆一般，再用水砂纸磨光，使其光滑闪耀。经过煨乌处理的寿山石必须回湿，就是把它们放在阴暗潮湿的泥土地上 1 ~ 2 天。最后经过修光，粗石就变成了黑田石或乌鸦皮。

这种煨乌石与天然黑田石区别较大。首先，煨乌黑田石的颜色浓黑、一致，分布完整、均匀，而天然黑田石的颜色是黑色或灰黑色，有深浅浓淡的变化，且其黑色通常不能完全覆盖石表。其次，煨乌黑田石的光泽近于玻璃光泽，显得干涩呆板，而天然黑田石多呈蜡状光泽，光泽柔和，显得自然油润。再次，煨乌黑田石仅可见到黑色石皮，色彩单调，干枯不润泽，而天然黑田石皮质嫩滑，石表色彩浓淡不一。最后，煨乌黑田石的透明度很低，而天然黑田石为微透明至半透明。煨乌黑田石多选用一些品相不是很好的石头，经过煨烧后石质变得干燥粗糙、坚硬松脆，还有很多裂纹，不宜雕刻，远不如天然黑田石细嫩滋润。

▲ 寿山石“活佛济公”摆件

▲ 寿山芙蓉石“金玉满堂”摆件

▲ 寿山田黄石“貔貅”手把件

▲ 清乾隆 寿山石“仕女”摆件

▲ 清 寿山石“瑞兽”手把件（两件）

2. 染色处理

(1) 煅红寿山石

将原本是黄色、橙色的寿山石变成红色、赭色就是寿山石煅红。一些黄色寿山石，在适当的温度条件下，可以变成鲜艳亮丽的红色，以便适应市场需求。

煅红处理方法就是先将寿山石浸泡于硝酸亚铁溶液中，取出晾干后，将其放入恒温 300℃左右的稻糠壳炉火或电热箱中 12 ~ 20 小时，以使其颜色发生变化。煅红后要进行回湿。煅红的寿山石会变成红赭色，色彩单一，而天然红色寿山石的色彩变化丰富，包括纯红、朱砂红、玛瑙红与橘皮红等多种红色。煅红寿山石显玻璃光泽，但是很干燥，而天然红色寿山石呈现蜡状光泽，并且质地温润自然。另外，煅红寿山石一般不透明，而天然红色寿山石呈现微透明至半透明。煅红寿山石质地粗糙，石性又脆又硬，还有许多裂纹，不好雕刻，而天然红色寿山石质地温润细腻。

(2) 罩染寿山石

罩染处理是一种仿古优化，就是将寿山石雕件放在高锰酸钾等化学溶液中进行染色处理。经过罩染仿古处理的寿山石，颜色均匀浓厚，呆板不自然，一般染成古铜、枣红、墨绿、暗红和紫檀色。罩染仿古寿山石的一个特点是，其裂隙和棱角处颜色较深。真正古老的寿山石有深浅不一的颜色变化，分布也不一致，颜色丰富，含色点、色斑、色块或色团，光泽自然柔和。

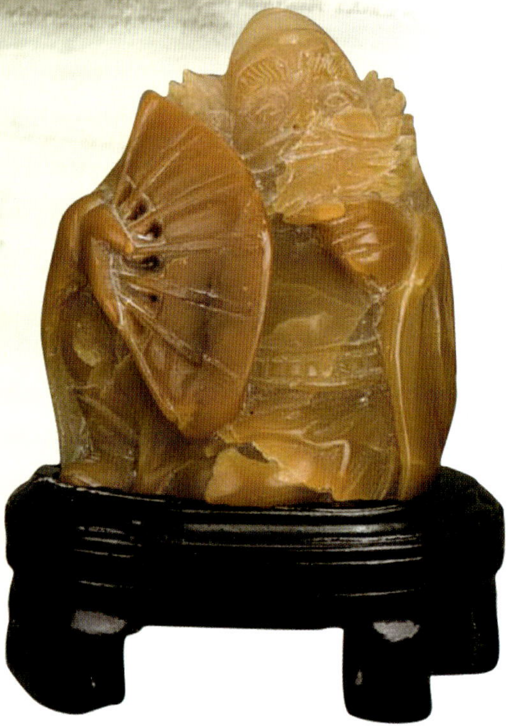

▲ 寿山石“钟馗”摆件

▲ 寿山芙蓉石“十八罗汉”摆件

3. **做皮处理**

田黄石的一个重要特征是有石皮，因此有人会用人工做皮的方式仿造田黄石。市场上的假田黄石常用有萝卜纹的高山石染色做皮制成，看上去也有纹有皮。

田黄石的石皮通常厚薄不一，有的全裹，有的挂皮。土壤环境、水、化学作用等对石皮的形成有很大的影响，黄土中的田黄石挂黄皮，白沙层中的田黄石多挂白皮，而黑土层中的多挂黑皮，也叫乌鸦皮。已形成石皮的田黄石如再度经水搬运冲刷，在新的环境下其外表就会形成新石皮，即形成第二层石皮。同理，也可能形成第三层石皮。

人工做皮处理方法有以下两种。

(1) 蒸煮染色做皮

这种方法的步骤是，首先将质量较好的黄色高山石、都成坑石和连江黄等山坑石，打磨成滚圆状，然后放进杏子水中煮，取出晾凉，之后再在外表涂一层黄颜色即可。这种仿制石皮，或多或少都能在石表观察到打磨的痕迹，而且染上的黄色较浓，不自然，尤其是在裂隙处可观察到明显的黄色颜料的沉淀。用沾有丙酮试剂的棉球擦拭染色石皮，棉球上会沾染黄色。用小刀刮削染色石皮，会掉落下来黄色的石粉。而从天然石皮上刮下来的石粉呈白色。染色田黄石质地干燥，没有油脂光泽，几乎没有萝卜纹。

(2) 染涂做皮

染涂做皮处理也是先将寿山石磨圆，然后在石表均匀涂染黄色石粉与环氧树脂，晾干后磨光就制成了假石皮。这样仿制的石皮，颜色很浓，不自然。石皮表面比较粗糙，磨痕较多。用小刀刮下的石皮粉末也是黄色的。染涂的田黄石质地很干，很少有萝卜纹。

▼ 寿山石“童子献寿”摆件

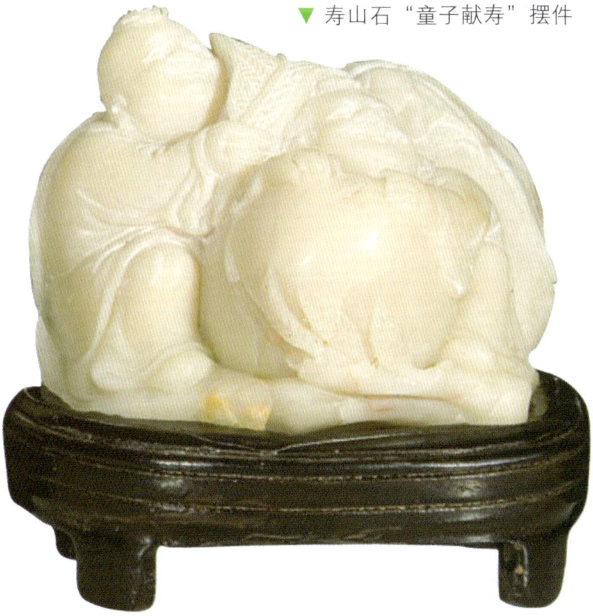

▼ 寿山石“貔貅”摆件

4. **拼合寿山石及鉴别**

寿山石有很多造假手段，常见的有拼合处理法，具体步骤是拼接和镶嵌。所谓“拼接”，就是把田黄碎块粘成大块，再进一步遮掩拼接痕迹，以使仿品更加逼真。“镶嵌”是指剔除寿山石中质粗或杂质多的部分，再镶嵌贴补上品相好的石片，来冒充上等寿山石。在鉴别寿山石摆件或较大块的寿山石时，缝沟或低洼处可能存在的接缝是重点要观察的，若是缝沟或低洼部位粘胶了，用热针触及，就会熔融或冒白烟。

另外，应仔细观察红格纹和萝卜纹。如果有两种不相连的红格纹出现在寿山石石质中，且有明显不同的特征，就有拼接或镶嵌的可能性；若萝卜纹粗细有明显不同、分布不均，且萝卜纹出现断开，也可能是拼接或镶嵌的。

▲ 寿山石“东方朔”摆件

▲ 寿山石“佛手”手把件

青田石摆件与手把件

青田石因产于浙江青田而得名，是中国传统雕刻、制印的上乘石材之一，因其非常适合雕刻，深得篆刻家的青睐，与巴林石、寿山石和昌化石同被列为中国“四大名石”。

青田石的分类

青田石种类繁多，有一百多种。青田石的分类依据很多，目前还没有统一、权威的标准。下面我们介绍两种常用的分类方式。

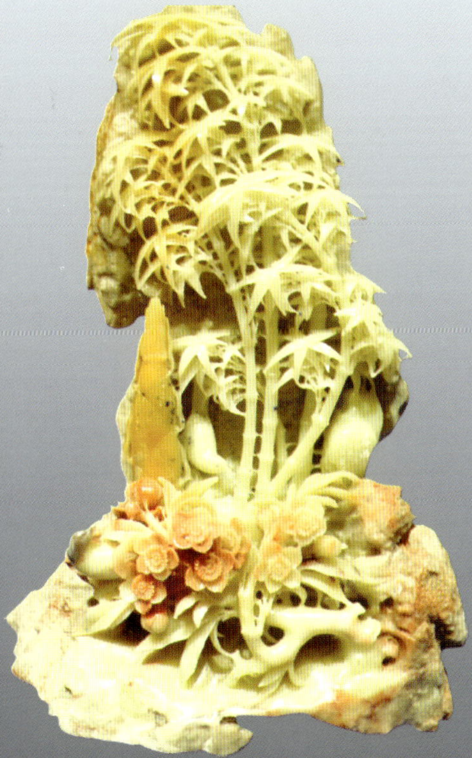

▲ 青田石“竹报平安”摆件

▲ 青田石“硕果”摆件

第一种分类方法是根据青田石色泽、矿物共生组合、矿石结构等可将其分为以下四类:

1. 单色青田石

这种青田石主要有青白、乳白、紫灰等色，具油脂光泽或土状光泽，主要成分为叶蜡石、绢云母或叶蜡石化凝灰岩等，是重要的雕刻材料。

2. 杂色青田石

其颜色呈条带状分布，主要矿物成分为浅色及深灰色叶蜡石或叶蜡石化凝灰岩，矿石中常出现奇特的红色“云雾”，这是矿物含铁所致。

3. 刚玉质青田石

整体为浅灰色，上面镶嵌着呈深蓝色斑点的刚玉，叫作“蓝花钉”，很有特色。

4. 红柱石质青田石

这种青田石颜色较浅，石上散布着红色斑点或条带。

第二种分类方法是依据颜色、石质、透明度、纹理，将其分为普通青田石和青田冻石，青田冻石之下有百余个小品种。

1. 普通青田石

普通青田石指颜色艳丽、石质致密、富有光泽但透明度差的青田石，按照它们颜色的不同，又可细分为白青田、绿青田、蓝青田、黄青田、紫青田、红青田、灰青田等品种。

▲ 青田石“布袋和尚”手把件

▲ 青田石“月宫之礼”摆件

▲ 青田石“金蟾送宝”摆件

2. 青田冻石

青田冻石，整体晶莹通透、五彩斑斓、玻璃光泽强、光洁细腻，富含 Al_2O_3，质地较软，十分珍贵。冻石中的灯光冻、封门青、五彩冻较为珍贵。此外，还有黄金耀、金玉冻、白果青田、红青田（美人红）、紫檀青田、蓝花钉、封门三彩（三色）、水藻花、煨冰纹、皮蛋冻、酱油冻、夹板冻、龙蛋等品种。这些小类虽繁多，但名称都非常形象，因此非常好辨认。

灯光冻又名灯明石、灯光石、灯光，主要产自山口封门、旦洪和方山白垟一带。此石细嫩光洁、晶莹澄澈、颜色亮丽、光泽度好，在光的照耀下呈红黄色或微黄色，宛如灯火灿烂，故得此名。

封门青又名凤凰青、青冻，主要产于青田封门山，因产地得名。此石石质温润，呈微透明或半透明状，有浓淡不同的青绿色，常有白色或浅黄色线纹存在于肌理中，包括白菜青、竹叶青、兰花青等小品种。品相极佳的封门青质地细腻，颜色亮丽、纯净。封门青软硬适中，适宜雕刻。

五彩冻也是青田石中的珍贵品种，其名称由来是因其五彩缤纷的颜色。此石石质细腻，呈半透明或透明状，颜色特别丰富，以质地纯净、颜色柔和不乱者最受欢迎。

青田石雕艺术

青田石雕承载着深厚的石雕文化。技艺精湛的青田石雕艺人用雕刀、凿子等各种各样的工具，经过选石、打坯、精雕、上蜡、打光等多道工序，把一块青田石雕琢成一件件巧夺天工的艺术品。

石雕艺人面对具有不同特征的青田石，凭借精湛的手工雕刻技艺，充分利用石料的形状、色彩等特征来构思创作，雕刻出花草树木、山水景观、人物、动物等不同题材的工艺品，使得每件作品都是唯一的，观赏、收藏价值极高。

▼ 封门青印章

青田石雕艺人善用镂雕，所雕刻的工艺品精致细微、层次丰富。在石雕山水、花卉类中使用最多，艺人凭借高超的镂雕技艺，雕刻出层次分明、玲珑剔透、精美绝伦的石雕作品，具有极高的艺术价值。

青田石雕还有一大特色就是巧取俏色。青田石有五彩缤纷的天然色彩，石雕艺人根据石料中不同的天然色彩进行构思创作。俏色的巧妙运用，使青田石雕融合了自然美和工艺美，惟妙惟肖，为作品增色不少。

青田石雕在石艺界具有十分重要的地位，其雕工精细、色彩斑斓、形象生动、气韵不凡，具有非凡的艺术魅力，深受世人喜爱。赏玩青田石雕，如同欣赏一幅国画一样，需要细细品味，以感受其深邃的内涵。

▲ 青田石“花果山”摆件

▲ 青田石“秋菊怒放”摆件

▲ 青田石"观音童子"摆件

雕花女智改书刻对联 >>>

青田地区流传着一个关于青田石雕刻的有趣故事。

传说有个名叫青姑的美丽女子住在青田。她秉性纯良、心灵手巧，家里世代以雕刻青田石为业，她从小就学会了雕刻手艺。青姑雕刻天赋极高，刻什么像什么，最令人称道的是她雕刻了一幅青田石百花图，不仅活灵活现，而且还清香四溢。因此，街坊邻里都认识她，叫她"雕花女"。

▲ 清 青田石“仙女”摆件

雕花女长大后，父亲给她定了亲，要她嫁给一位财主的儿子柳林。柳家父子目不识丁，但为了不让人笑话，还想装出书香门第的样子，于是，成婚前，特地叫仆人去购买几样精致的青田石摆件摆在家里，又嘱咐说："一定要买一幅石雕对联，以显得别出心裁。"

仆人到了青田挑了几件不错的石雕摆件，但走遍大街小巷也没找到石雕对联。后来他在街边，抬头一望，看到一户人家堂中挂着一副对联，顿时喜笑颜开，只见这副对联白纸黑墨，字迹苍劲，气魄非凡。于是就高价把它买下来，然后请雕刻艺人用这幅字雕刻出“石雕对联”。完成后的对联底为碧绿色冻石，边框为樟木，文字为金黄色，阴刻，再加上书法飘逸，越发显得气派。可是，他万万想不到的是，这却是一幅“丧联”！转眼成亲的日子到了，柳家高朋满座，喜气洋洋。喜堂装扮得豪华别致：中间是红的“囍”字，两旁摆着精致的石雕摆件，左右的柱子上，挂着那幅引人注目的石雕对联，写着“流水夕阳千古恨，秋霜春露百年愁”。

一些有学问的宾客看见后，大为不解：喜堂为何挂丧联？但在今天这大喜的日子，又不好明说出来。不一会儿，花轿到了。雕花女青姑缓缓走出轿来。进了喜堂，这副对联映入眼帘，她心中大为惊异！埋怨夫家的荒唐举动，让宾客看笑话。但事已至此，发脾气也解决不了问题。她静静思索了一会，便叫下人拿来陪嫁的雕刀，立刻在对联上雕刻起来。

很快，右联的“恨”字被刻改成了“鸟”字；左联的“愁”字被改成了“花”字。于是对联变为：“流水夕阳千古鸟，秋霜春露百年花。”这样，把对联同“比翼鸟”“并蒂花”联系起来，这意思就变成了不管岁月如何变迁，历经多少风霜，夫妻依然如比翼鸟、并蒂花一般恩爱如初，丧联转眼就变成了一副绝妙的喜庆佳联。只改一字，意思大相径庭。众宾客看后，无不对青姑大加赞赏。

▲ 青田石“大丰收”摆件

▲ 青田石“多子多福”摆件

▲ 青田石“茶圣”摆件

▲ 青田石“万山红遍”摆件

青田石的保养

青田石质地润泽，保养时应避免在阳光下暴晒，也不能放置在高温环境中，否则石体容易出现裂纹并褪色。也应避免灰尘，因为灰尘中的细小颗粒沉积多了会损害石体，影响作品的神韵。可以将其置于玻璃橱内，既便于观赏又利于保养。保养青田石并不复杂，它本身属于叶蜡石，有很好的光泽，很适合采用封蜡法。具体步骤是先用电吹风令石头受热，然后趁热在石体上涂一层蜡，待冷却后再用软棉布将其擦亮。用封蜡法保养的青田石，能很好地保持它的颜色和光泽。如果藏品已经变得昏暗，可将其置于加入适量的清洗剂的温水中清洗，用软毛刷轻刷作品表面及洞孔中的灰尘，洗净后，阴干、封蜡。此外，青田石很怕磕碰，要注意轻拿轻放，单独保存。

青田石的品鉴

品评青田石雕

青田石雕雕工细致，颜色丰富，形态生动，气质不俗，具有较高的观赏和收藏价值。然而雕工不同，其价值高低也不同。通常情况下可从青田石的天然品质和加工工艺两方面来品评。一件质量上乘的作品必然原石品质佳，并且加工精美。

原石的品质主要看它的质地与色泽。青田石质地温润细嫩、软硬适中，且很少遇到硬钉，具有不绵、不脆、不爆、不裂等特点。因此受刀效果极好，作品线条流畅。

▲ 青田石“群猴祝寿”摆件

青田石五彩斑斓、色泽纯正，其色彩、花纹比玉石还要丰富。色彩的搭配为青田石的创作提供了很大空间，各种鲜艳的颜色，无不为艺术家增添创作灵感，而巧用俏色更体现了青田石雕的与众不同。

品评加工工艺主要看其雕工和造型，属选石之后人为加工因素。

工艺对作品的影响很大，没有精湛的雕工，再好的青田石也做不出好作品。好的青田石雕富有立体感、错落有致、层次分明，具有“纯”“畅”“神”等特性：纯，指石质温润、纯净，这需要雕刻家要慧眼相石；畅，指雕工娴熟流畅，一挥而就；神，指作品独特传神，能体现出深刻的内涵。

▲ 青田石“花神”摆件

▲ 清 青田石“连年有余”摆件

石雕作品的造型要求形象生动，玲珑有致，惟妙惟肖。青田石雕造型题材丰富，有人物典故、神仙佛道、花鸟虫鱼、山水景观等，一般采用写实手法，现实与传统紧密联系，传承了中国工艺美术创作的传统特色和风格。

另外，青田石雕的收藏与一般艺术品的收藏一致，如果能名石、名师、名作相结合，那必定具有较高的价值。质地上乘的名石，又是知名艺人运用精湛的技艺加工而成的作品，必定是非常值得收藏的。

品评封门青冻石

封门青，还被称为五塘冻石，因古时发现于封门山五塘泉水之中。与灯光冻颜色的青中偏黄不同，它是青而偏绿，颜色纯正而净洁者堪称极品。质地非常温润细嫩，光泽度好，雕刻时不崩不爆，刀感流畅，雕刻爽利，是石雕的上乘材料。

▲ 青田石“济公”摆件

▲ 封门青螭龙纽章

青田县有很多矿区都出产青色的冻石，如封门、白蝉、旦洪等。但只有产于封门矿区的，才是真正的封门青。由于矿脉很细，弯曲盘旋于岩石之中，因此产量很低，弥足珍贵。封门矿区的青田石质地纯净，颜色一致，杂质极少，脆而不硬、嫩而不松、刀感极佳，非常适合雕刻，深受雕刻大师们喜爱。

另外，由于封门青颜色清新，象征淡泊飘逸，与文人雅士内敛含蓄、矜持而不张扬的品质不谋而合，故被赞为“石中君子”，深受文人雅士的推崇。

青田石的价值与收藏

青田石雕的价值

1. 艺术价值

青田石雕作品神形兼备、奔放大气，具有很高的材质美、工艺美、意境美。从材质来看，青田石质地细腻，软硬适中，可雕性极强；从工艺来看，青田石雕荟萃了顶级的石雕工艺；从意境来看，青田石雕可表现出恬淡、洒脱、热烈、不羁、内敛、含蓄、向上等各种高远的志趣和情感。

2. 经济与收藏价值

青田石属不可再生资源，储量有限，随着需求的增大，价格正逐年上涨。20 世纪 70 年代，一方普通的封门青印章，在当地价值二三十元，进入 90 年代后可达数百元；20 世纪 80 年代初，雕刻大师雕刻的精品，仅一两千元，现在已达数万元至百万元。

▲ 封门青“福寿双全”手把件

▲ 青田石“枯木逢春”摆件

3. 人文价值

青田石雕作为艺术品可以给人美的享受，令人心旷神怡。一些石雕佳作在用色上堪比美术大师，可以陶冶人的情操。文化底蕴是青田石作品的灵魂，赋予作品无限的生命力。石雕工艺品可以净化人的心灵，在不断与其接触、把玩的过程中，收藏者仿佛可以和石头交流，可以感受到石头的心声。

一部石雕史就是一部民俗史，记录了社会的发展变化。它无声地述说着人类的心路历程，展现着人们对美的追求，演绎了人们以石为伴、以石省身的故事，传达了人类崇高的精神内涵。换句话说，青田石雕艺术具有美化人类心灵、传承文明的社会功能。青田石雕文化倡导乐观、拼搏、团结、互助的价值观。

4. 政治价值

1949 年以后，青田石雕多次被选作国礼赠送给其他国家，促进外交事业发展。这样的跨国流通不但促进了中外交流与合作，还增进了不同国家民众的相互了解，促进了不同文化背景下不同民族的和谐相处。

▼ 青田石“木鱼佛”摆件

▲ 民国 青田石“四季平安”摆件

▲ 清 青田石“渔翁得利”摆件

5. **科学价值**

从自然科学角度来看，青田石作为一种特殊的矿石，本就具有很高的科研价值。通过研究青田石，可了解上亿年间地球的地质变迁情况。再看人文历史，可把当地人开采、利用青田石和石雕工艺品的流传作为一个切入口，来研究一个地区在不同历史时期的生产力状况以及物质生活与精神生活状况。

青田石的收藏现状

正所谓“黄金有价石无价”，而青田石更是石中精品。青田石历史悠久，颜色缤纷灿烂，品质温润高贵，从古至今，享尽了世人的赞誉。改革开放以来，人们的购买力不断提高，特别是近年来，藏石、赏石蔚然成风，越来越多的人加入青田石收藏行列，促使青田石身价倍增。

青田石可观赏、可把玩、适于雕刻，深受人们喜爱。古时候，玩石的一般是文人雅士，他们玩的是一种文化，一种审美观念。现如今，人们收藏青田石、青田石雕，一方面是为了陶冶情操，提高审美情趣；而更主要的一方面是为了投资，获得经济效益，所以青田石越来越受欢迎。人们收藏的青田石有原石，也有雕刻的工艺品。青田石雕的价值表现在原材料的质量和作者的知名度、影响力，再加上加工工艺的质量。珍贵的石头本身就值得收藏，再加上名师、名作的名人效应，就更能很好地打动收藏家了。收藏原石没那么复杂，只要求石种品相佳，数量稀少。

▲ 青田石“福禄寿”摆件

▲ 青田石“布袋和尚”摆件

昌化鸡血石摆件与手把件

在五彩斑斓、温润可人的彩石世界里，有一种彩石非常引人注目，它石质细腻，色彩鲜丽，如鸡血般的色彩在石体上晕染，一片片，一点点，绚丽夺目，它就是拥有悠久历史、令人奉若珍宝的昌化鸡血石。此石主要产于浙江昌化玉岩山，这也是昌化鸡血石名称的由来。

▲ 昌化鸡血石“春来到”摆件

昌化鸡血石的分类

昌化鸡血石中的基质被称为“地”，一般是白、黄、灰等颜色。“地”以通透纯净的为上品。鸡血石种类繁多，按“地”的物质成分、光泽、透明度、硬度等方面的差异，可将其分为冻地鸡血石、软地鸡血石、刚地鸡血石、硬地鸡血石四大类。

1. 冻地鸡血石

冻地鸡血石是昌化鸡血石中最名贵的品种。其主要成分为地开石、高岭石，蜡状光泽强烈，清亮细润，微透明至半透明，硬度 2 ~ 3。从古至今，鸡血石工艺品的主要石材就是冻地鸡血石，如牛角冻、田黄冻、肉糕冻、桃红冻、玛瑙冻、羊脂冻、玻璃冻、朱砂冻、芙蓉冻、五彩冻、银灰冻、豆青冻等。根据其颜色的不同还可细分为单色冻和杂色冻。通常情况下，单色冻品相更好，其中羊脂冻、牛角冻是最名贵的，呈半透明的黄色田黄冻和半透明的灰色藕粉冻质量也不错。在杂色冻中，有一种比较有名的是红、黑、白相间的鸡血石，被称为“刘关张”。

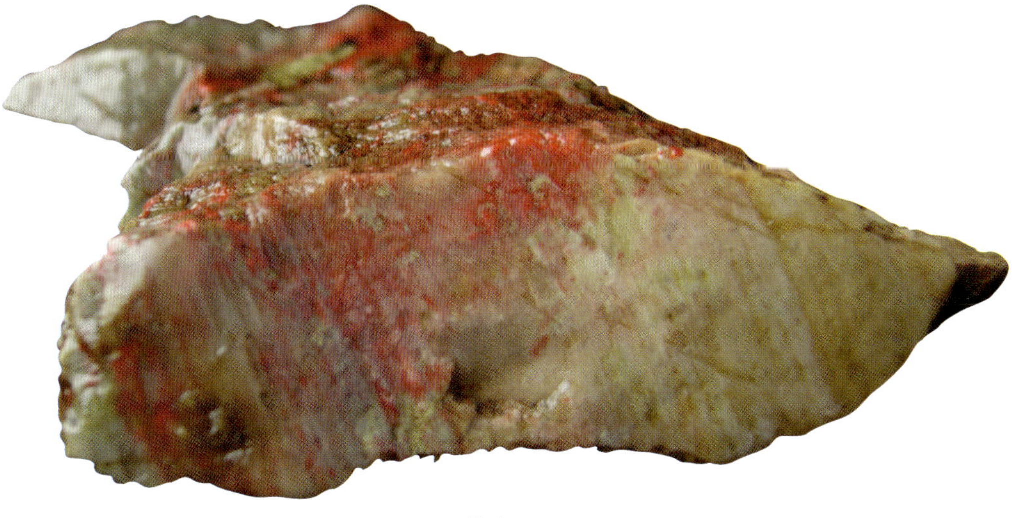

▲ 昌化鸡血石原石

▲ 昌化鸡血石“事业有成”摆件

2. 软地鸡血石

软地鸡血石的矿物成分为辰砂、地开石、高岭石和少量明矾石、石英细粒，具弱蜡状光泽，微透明或不透明，是昌化鸡血石中数量最多的一类，产量占昌化鸡血石总产量的一半以上，质地较软，不同的血色、血形巧妙组合形成各类精美的图案，可细分为单色软地、杂色软地。软地鸡血石又可以细分为黑旋风、瓦灰地、桃红地、朱砂地、酱色地、巧石地、白玉、黄玉、青玉、花玉、紫云、板纹等小品类。

3. 刚地鸡血石

刚地鸡血石俗称“刚板”，它的地由硅化的地开石、高岭石、明矾石构成，呈褐黄、粉红色，微透明。其中，硬度 3 ~ 5 的称为“软刚板”，其质地较温润，一般不透明，偶有微透明；硬度大于 5 的称“硬刚板”，不适宜雕刻。刚地鸡血石硅化程度低，易碎裂，属中低档石料，其主要品种有刚灰地、刚褐地、刚白地、刚粉红地等。

4. 硬地鸡血石

俗称“硬货”，地由硅化凝灰岩构成，呈灰、白色，不透明，干涩缺少光泽，硬度为 7，是鸡血石中品质最差的一类，属中低档石料，主要品种有硬灰地、硬黄地、硬黑地、硬褐地等。

▲ 昌化软地鸡血石“春江报喜”摆件

▲ 昌化鸡血石“女娲补天”摆件

▲ 昌化鸡血石“洪福齐天”摆件

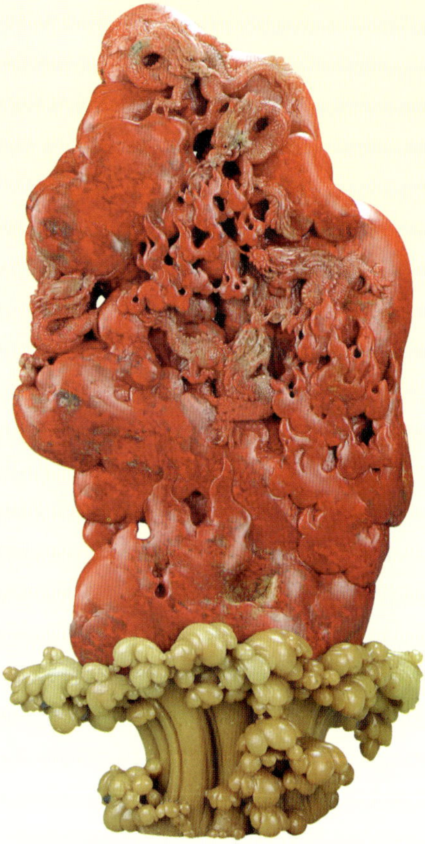

▲ 昌化鸡血石“连年有余”摆件

凤血的化身 >>>

民间流传着昌化鸡血石是凤血化身的传说，故此人们认为鸡血石能给收藏者带来好运。

传说，很久以前一对美丽的凤凰来到了玉岩山。它们就在这风景宜人的山水间幸福地生活了下来。可是好景不长，它们祥和的生活被一对凶残的乌狮打破了。凶狠的乌狮想将凤凰吃掉，时刻在凤凰周围潜伏着。转眼间，雌凤凰进入了孵育期，一天，雄凤凰外出觅食了，乌狮抓住这个时机，偷袭雌凤凰。雌凤凰奋力抵抗，被咬断了一条腿，鲜血洒在了山间的石头上。这时雄凤凰回来了，它与雌凤凰一起勇敢地迎战外敌，最终击败了乌狮。事后，这对凤凰把被乌狮踏碎了的凤凰蛋埋葬了起来，就离开了玉岩山。经过千万年之后，玉岩山上埋藏的凤血染红的石头和凤凰蛋，就变成了今天光彩夺目的昌化鸡血石。如今，玉岩山旁的凤凰山、百花亭和乌狮桥，都源于这一民间传说。

昌化鸡血石的保养

1. 避免暴晒

不要将鸡血石暴晒在阳光下，或长期置于强光下。因为在阳光的暴晒和高温环境中，鸡血石的血色会变暗、变淡。

2. 进行蜡养

蜡可以隔离开石质与空气，减少空气对石质的侵蚀。最简单的上蜡方法是用电吹风吹热鸡血石表面，趁热将石表均匀涂上蜡油，待冷却后再用软棉布将石头擦亮。上蜡还能使鸡血石更有光泽，使之更加动人。如用电炉加热，注意使用的铁皮架子要光洁，并不断翻动，使之均匀受热，还要控制好温度。如需长期保存，可涂比较厚的一层蜡，这样保护效果更好。

3. 上油保养

上油保养是最简便的方法，效果也不错，会使鸡血石看起来更有光泽，血色更艳丽。可用白茶油、菜籽油等来油养，抹点婴儿护肤油效果也不错。上油保养，有两种方法：其一是将整件鸡血石都浸入油中，让石表充分吸收油质，石质会变得更加澄澈通透，保养效果很棒；其二是涂上一层油在鸡血石表面，再包上一层保鲜膜。

4. 避免碰撞

在把玩、欣赏鸡血石的时候，一定要轻拿轻放，小心呵护，不用时也一定要妥善安放。注意不要和硬物碰撞，以免造成损伤。

▼ 昌化鸡血石“国色天香”摆件

▼ 昌化鸡血石“锦绣山河”摆件

▲ 昌化鸡血石“松梅贺春”摆件

昌化鸡血石的鉴赏与价值

鉴赏昌化鸡血石

要想更好地收藏艺术品，就必须学会鉴赏藏品，如果不懂鉴赏，就可能会买到根本不具有收藏价值的藏品。欣赏前要先鉴定，鉴定就是定真伪、判年代、分优劣、估价值。我国现代著名篆刻家邓散木在《篆刻学》中写道：“鸡血石其品之高下，则在血在地。”鉴赏鸡血石首先要品血，其次是鉴地。

◆ 血色鉴赏

鉴赏鸡血石的血，可以从血色的浓艳度，血量的多少，血形的状态、聚散等方面来入手品鉴。

鸡血石的血色有鲜红、正红、深红、紫红等之分。不同的血色取决于辰砂颗粒的大小、密集程度及混杂在辰砂中其他矿石成分的多少。鸡血石的血色越是浓艳，价值就越高。在收藏界最受欢迎的就是犹如刚宰杀的鸡流淌下来的鲜血滴在石上的鸡血石。至于那些犹如煮熟的鸡血般的紫黑色鸡血石，身价不高。

血量就是指含血的多少。血量若大于70%就是极品，50%至70%者也是难得的珍品，只要大于30%就属于高档货，10%至30%者为中档。血量充足的大红袍方章价值极高。

血形在品评鸡血石价值的过程中有很重要的作用。血形鲜活，富有流动感的为上品。这样的血形显得很有生气，充满活力，仿佛是鸡血要流出来一般，有一种凝练的动感，仿佛石头有了生命。反之，倘若血色呆板、生硬、毫无生气，就像贴在石上的红纸，这种鸡血石价值就很低。大部分情况下，这种死板的血形都是人工伪造的。血的分布形态丰富多样，有片状、团块状、条带状、云雾状、星点状、梅花状、线纹状等。另外，血的聚散程度也不同，根据血的浓度可以分凝、清、稀三个等级。

▲ 鸡血石山水人物摆件

▲ 昌化鸡血石“王母出游”摆件

1. 工艺价值

鸡血石主要用于雕刻印章或其他工艺品，常被制作成各种形状、各种题材的摆件，装点环境；可以被制成各种手把件，陶冶人的性情；可以作为收藏品，为收藏者带来财富。除此以外，在工业、药用领域也能见到昌化鸡血石的身影，只是为了合理利用资源，它在这些方面应用较少。

2. 审美价值

昌化鸡血石工艺品的美学内涵丰厚，具有很高的审美价值。它的质地温润可人，雕工取各流派精华，雕刻大师们利用他们的智慧和心血巧妙创作，使一件件充满着天然美、艺术美和意蕴美的珍奇瑰宝问世。一位资深的收藏家赞美它是“一部读不够的美学天书”。

鸡血石的材质之美，主要通过其石色、石质、石形、纹理等要素来展现。它色彩绚丽、温润细嫩、婀娜多姿，它风华绝代的风采，令人在视觉上、触觉上、精神上都能获得美感，无法抵挡它的魅力。

鸡血石的工艺之美，美在雕琢艺人用精湛的技法，巧妙地结合它的色、质、形，将各种各样的万物生灵、人间典故、诗情画意，展现在一石之中，带给人无限的遐想，使人畅游在鸡血石的世界里。

▲ 昌化鸡血石“一枝独秀”摆件

▲ 昌化鸡血石摆件

▲ 昌化鸡血石“钟馗嫁妹”摆件

鸡血石的造型之美，为人们展现了绝妙的实景。有高耸入云的山峰、飞流直下的瀑布、绚烂飘逸的云霞、精巧清幽的亭台等，充分展现了大自然的美丽景观，令人心生向往；而那些姿态各异的飞禽走兽，情态各异的人物、仙佛，欣欣向荣的花草树木等，更使人感受到生命的活力。郑板桥在赏石时吟咏的“四时不谢之兰，百节长青之竹，万古不败之石，千秋不变之人”最能体现这一点。

鸡血石的意蕴之美，使人们从色、形、质、景中产生深思和遐想，情景交融，领略到石之外的情感、意韵。欣赏一件鸡血石作品，就像在实际情景和想象空间中畅游，通过实际的作品感受作者所表达的感情，在赏玩的过程中获得心灵的极大满足。

昌化鸡血石以其较高的经济价值惠及了其产地的普通民众，同时也促进了地方经济的发展，带动了当地旅游业及相关行业的繁荣。

昌化鸡血石的收藏

鸡血石收藏满足了人们的精神需求，是一种人文血脉的延伸。现如今，它已成为时尚，成为一种投资手段。收藏鸡血石一般有三种情况：一是并不在意藏品的升值，纯粹是由于个人雅好；二是只为投资、升值，热衷于市场需求的研究，不论藏品质量如何，只图能为自身创造财富；三是既珍爱鸡血石也参与其投资活动。现如今，人们的生活水平不断提高，物质生活得到了很大满足，开始关注自身的精神需求，鸡血石收藏也因此越来越活跃。

▼ 鸡血石“松鹤延年”摆件

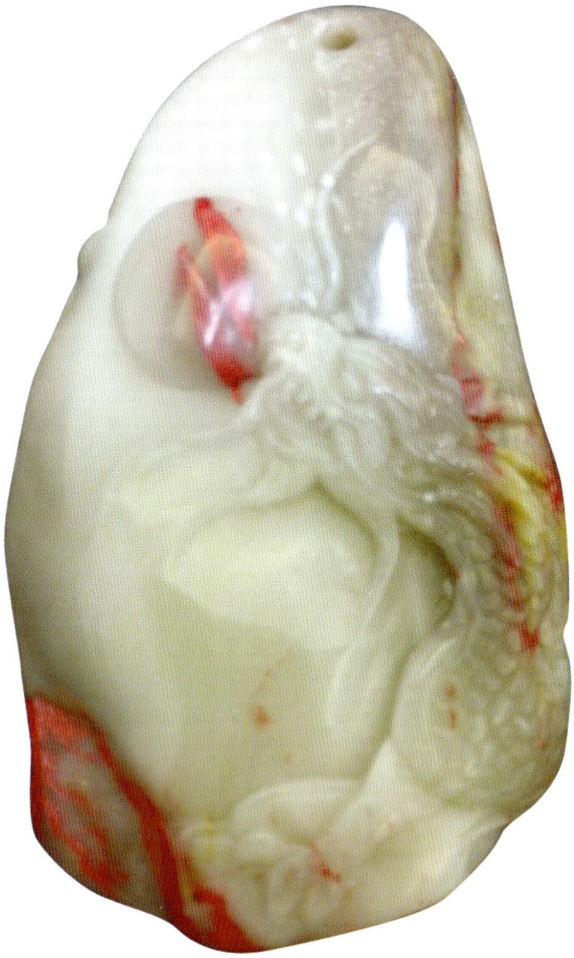

▲ 昌化鸡血石“瑞兽”手把件

大多数鸡血石收藏者，尤其是刚入门的收藏者，往往经验不丰富，掌握的相关知识有限，有的财力也有限，因此收藏鸡血石最好是由低到高、由少到多，循序渐进，这样较为稳妥。昌化鸡血石的收藏种类有原石、印石、雕件、把玩件等，品种多种多样，收藏哪种类型或以哪种类型为主，主要看个人的喜好和机缘，逐渐形成自己的风格。收藏鸡血石应重视收藏质量，注重精与博的结合。所谓“精”，可不是专指那些价值最贵的高档、稀有品，还包括那些价格虽不是很高，但是在某一方面有特色，很值得收藏的藏品。所谓“博”，不能单纯理解为多而杂，必须以质量为基础。比如有的收藏者重视品种的齐全，意在发现与众不同的品种；有的对于相同的品种，如发现有更典型、更具欣赏价值的也会收藏，可以更新同品种。总之，认识了藏品的“精”与“博”，才能做到有质有量地收藏。

▲ 昌化鸡血石“万里江山一片红”摆件

昌化鸡血石的辨伪

由于昌化鸡血石数量稀少，需求量大，经济价值与日俱增，因此市场上有很多造假的品种，这使得鸡血石收藏市场变得很混乱，给不少藏家造成了损失。

鸡血石的鉴定

对于鸡血石，有以下几种鉴定方法：

(1) 观察血色。假“鸡血”颜色呆板、不自然，色调均匀，色块、色带机械，不流畅；而真“鸡血”颜色深浅变幻不一，形状灵动，富有活力。

(2) 观察光泽度。假鸡血石涂有树脂或 502 胶水，因此反光不自然，尤其在光照下观察更明显；而真鸡血石因上蜡抛光，光泽为蜡状，柔和而自然。

(3) 用小刀刮。如果刮起的是卷曲状皮花，那说明假鸡血石完全是用树脂合成的，用砂纸细磨也没有石粉；而如果是上过蜡的真鸡血石，在表面会刮起一层蜡，接下来会刮下石粉。但是要注意，这个方法只能鉴别用树脂类合成的造假鸡血石。

(4) 用火烧。假鸡血石会发出烧焦的胶臭味，并且会随之变色，冷却后颜色也无法恢复；而真鸡血石被烧后，在表面会出现少量蜡油，血色会随高温变紫、变暗，但冷却后会立即恢复如初。注意烧的时候要保证整个鸡血石均匀受热，可以将一块光洁的铁皮放在电炉上，再把鸡血石放到铁皮上加热，要翻动鸡血石，待鸡血石受热后，注意观察血色的变化。此法效果明显，但不能检验出拼接的鸡血石。

▼ 鸡血石“喜上眉梢”摆件

(5) 用手触摸或贴紧脸部。合成的假鸡血石不会有石质的冰凉感，而真鸡血石有明显的冰凉感觉。

(6) 鉴别重量。同样大小的情况下，伪造的鸡血石重量较轻，而真鸡血石有沉甸甸的感觉，两者之间的重量有显著差异。

鸡血石的作伪手段

为了更好地鉴别鸡血石的真假，需要了解一些作伪方法。鸡血石的主要作伪方法有镶嵌法、浸渍法、切片贴皮法、添补法等。

▼ 昌化鸡血石“万山红遍”摆件

▲ 昌化鸡血石“连年如意”雕件

1. 镶嵌法

镶嵌法是有选择地在鸡血石上挖几个小坑，然后将硫化汞嵌入坑中，晾干后进行上蜡而成。用这种方法制出的鸡血石血色和石料的交接处无任何过渡，整体显得生硬、不自然。

2. 浸渍法

浸渍法是在鸡血石上反复涂抹硫化汞，以使形成的血色有层次感，再用树脂浸渍。这种假鸡血石表皮发黄，用放大镜观察能看到细小的孔眼。

3. 切片贴皮法

切片贴皮法是针对方形鸡血石的惯用作假方法。具体方法是在石头的各个平面切下薄薄的一层，将硫化汞涂抹在切开的石头上，然后用胶水再把切下的薄层粘贴到原处，最后再修整、完善一番。用这种方法伪造的鸡血石的各个平面的血色都差不多，不自然。

4. 添补法

添补法是在真品鸡血石上添加硫化汞，然后在其表皮罩上一层薄薄的树脂，最后再打磨、抛光。用这种方法伪造的鸡血石非常漂亮，极具诱惑，选购时一定要特别防范。

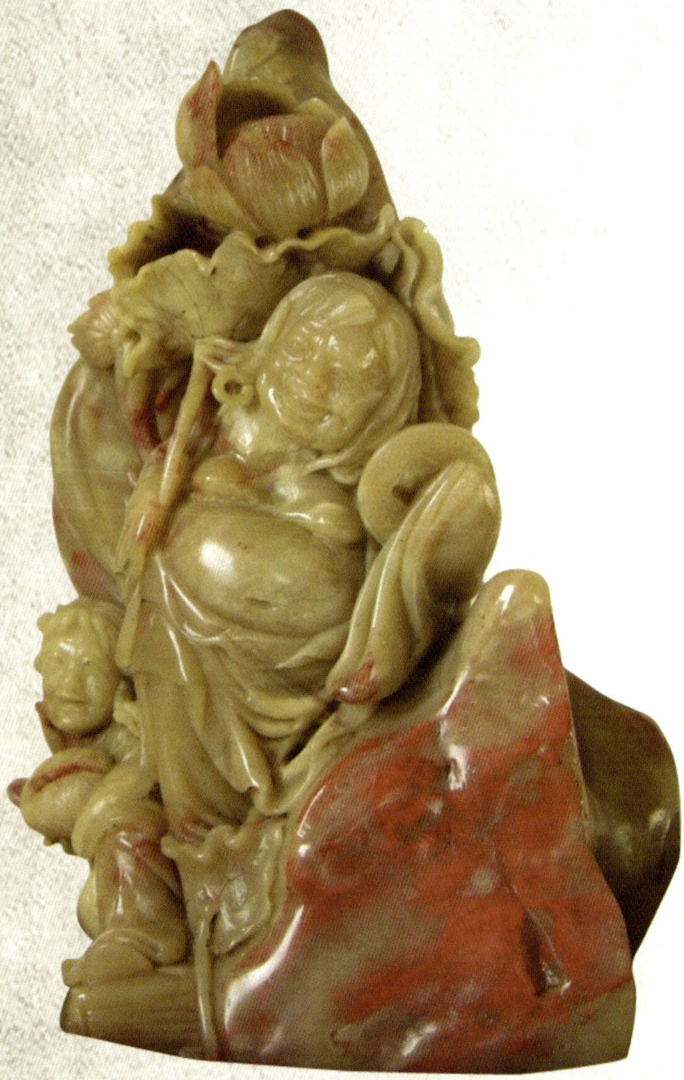

▲ 昌化鸡血石“福寿连连”摆件

巴林石摆件与手把件

巴林石因产于内蒙古自治区赤峰的巴林右旗而得名。巴林石的发现可追溯到 1000 多年前，并被“一代天骄”成吉思汗称为“天赐之石”。

巴林石的分类

若按石色、石质及石性来分，巴林石可以分为巴林鸡血石、巴林福黄石、巴林冻石、巴林彩石和巴林图案石五大类。

▲ 巴林石鸡血石方章

▲ 巴林石“九龙戏珠”摆件

1. 巴林鸡血石

巴林鸡血石乃巴林石中的极品，被赞为“草原瑰宝”，是指呈现如鸡血般的朱红、鲜红色的巴林石，鲜艳的颜色是因含辰砂所致。其血色鲜艳绚丽，血脉活跃，富有流动感；石质温润如玉，通透清澈。根据鸡血的含量、血形、分布特征等方面的差异，可将巴林鸡血石细分为全红、条带红、斑杂红、星点红、彩霞红等品种。彩霞红是巴林鸡血石中的绝品，颜色红艳如彩霞，金黄色的质地和鲜艳的鸡血红融合在一起，仿佛阳光穿透了云霞。紫色鸡血石非常珍贵，它的紫红色是由黑辰砂形成的。

2. 巴林福黄石

巴林福黄石与寿山田黄石并称“姊妹石”，因其与田黄石的外观非常相似，犹如姊妹。福黄石是由巴林矿山的采石班长刘福于 1983 年冬季发现的，因此得名“福黄石”，又称“刘福冻”“刘福黄”。巴林福黄石的主要成分是高岭石，由于长期受地下水浸泡、滋润，因此它温润细嫩，似凝质玉肤，颜色以橘黄、金黄、鸡油黄色为主，具有细、洁、润、腻、温、凝 “六德”，非常珍贵，金石界素有“一寸福黄三寸金”之说。

3. 巴林冻石

巴林冻石晶莹剔透、细润光洁、质地洁净，似婴儿肌肤般娇嫩，纹理飘逸，富有光泽，颜色五彩缤纷，可分为水晶冻、鱼脑冻、桃花冻、芙蓉冻、夹板冻、彩霞冻、羊脂冻、竹节冻等很多小品种。其中彩霞冻石非常名贵，洁净的肌体中渗透出如云霞般变化万千的红色纹理，犹如一幅红霞漫天的水彩画，展现了大自然造物的神奇。芙蓉冻也是巴林冻石的珍品，微透明至半透明，澄澈晶莹，白色中微带粉红，犹如芙蓉花般粉嫩，似乎吹弹可破，一见便令人爱不释手。

4. 巴林彩石

巴林彩石的主要特点是颜色绚烂多姿、光泽柔和、质地细腻，主要有乳白、浅绿、浅紫、黑灰、褐黄、青灰、紫红、蛋青等各种颜色，各色相互映衬、自然组合，令人叹为观止。

▲ 巴林福黄“双龙戏珠”摆件

▲ 巴林芙蓉冻“瑞兽呈祥”摆件

▲ 巴林图案石对章

▲ 多色巴林石方章

5. 巴林图案石

巴林图案石以天然图案见长，流畅的线条，构成了千姿百态的景物奇观，有飞禽走兽、老人孩童、花草树木等，形象逼真、惟妙惟肖，展现了大自然的奥秘，具有极高的观赏价值。

此外，还有单色巴林石、杂色巴林石等。单色巴林石指呈乳白、青灰、浅绿、浅紫、黑褐、黄褐等单一颜色的巴林石。杂色巴林石又名“多色巴林石”，指有三种或三种以上颜色出现在同一块巴林石上，且各色相互渗透、掺杂的巴林石。

巴林石的特征

巴林石属叶蜡石，石质温润，光泽柔和，清澈通透，非常适合精雕细刻。但其色素成分不够稳定，在阳光和紫外线的照射下有些品种易褪色。

下面来介绍巴林石的四个特点：

第一，质地纯净，透明度高，色彩缤纷绚丽。巴林石质地细密纯净、温润如玉、晶莹澄澈，具有美丽的纹理，色彩十分丰富，有红色、橙色、黄色、绿色、蓝色、紫色、白色、灰色、黑色等各种颜色。巴林石的透明度分不透明、微透明、透明三种，三者大多有浑浊雾团状痕迹。

第二，品种齐全，种类繁多。巴林石品种非常丰富，可分为 100 多个小品种。

第三，软硬适中，易于雕刻。巴林石硬度稍低于寿山石、青田石、昌化石，受刀性能好，非常适合精雕细琢。

第四，资源丰富。巴林石直到 20 世纪 90 年代才开始进行规模化开采，比起储量日渐枯竭的寿山石、青田石、昌化石等，巴林石资源非常丰富。如果有节制地开采，再加上采用科学的管理，巴林石资源还可以开发很多年。

▲ 巴林福黄石“老寿星”摆件

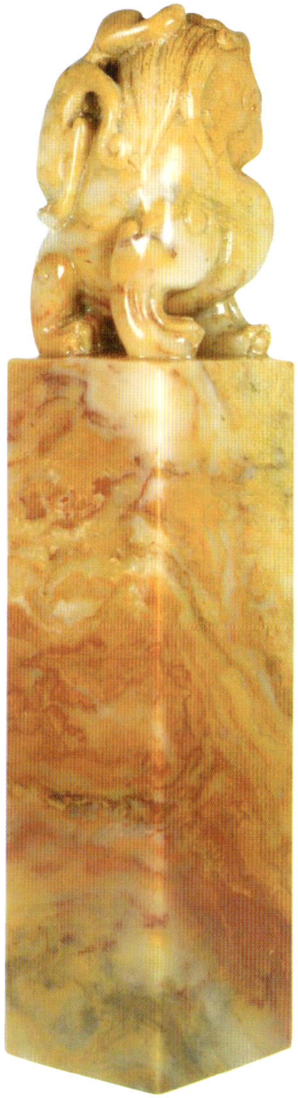

▲ 巴林石彩霞冻方章

▲ 巴林石“螭虎穿钱”摆件

巴林石的保养

总体来看，巴林石石性较为稳定。一般比较温润的巴林石在开采时很少开裂，坚硬干燥的石质容易有裂纹。

对于巴林石的保养，针对不同的石种，应有不同的方式。对于一些接近地表且已经开采的老的巴林石料，石性稳定，难以出现裂纹，因此保养它们，平时简单擦拭就行；对于一些低档次的冻石和彩石，也没必要用特别的方法，只要注意让它们处在较为湿润的环境即可。

封蜡法通常针对的是高档的巴林石，加热时要注意，温度升高需要一个过程，要令石头逐步受热，这样才能使巴林石内外部的热应力差不多，以免产生暗痕。封蜡所用的蜡一般要到化工用品商店购买，它们是由 70％的黄蜡（又叫蜂蜡）加 30％的工业白蜡合成的。封蜡法可以保持石头原有的色泽，便于长期保存。但是缺陷在于有些石头的光泽和内在品质难以完全显露。

▲ 巴林鸡血石“童子祝寿”摆件

▲ 巴林彩石“李逵别母”摆件

对于一些石性较为稳定的巴林石，可以每半个月到一个月涂抹一次液态石蜡或茶油等。但要特别注意的是，新开采出来的晶莹的冻石，石性不稳定，千万不能抹油，否则很容易变色，这种产生变色的周期从几天到数月不等。

通常来说，巴林石应该处在背阴的环境中，避免强烈阳光的照射，可放在密闭的透明柜子里，为保持柜子的湿度，柜子里应放上一杯纯净水。巴林石质地偏软，在擦拭的时候，宜使用棉花或细软布，最好不用刷子等物品，以免划伤巴林石。

保养巴林鸡血石尤其要特别小心，因为鸡血石中的辰砂具有挥发性，不宜长期暴露于空气中，否则辰砂会变黑，大大降低其观赏价值。因此在收藏保养时，要注意阻隔石表与空气的接触，以使浓艳的“鸡血”得以保持。进行封蜡保养是十分必要的，且应放置在背阴的环境中。

巴林石的品评与鉴定

巴林石的品评

要品评巴林鸡血石的品质，需要看它的地和血色。地，即质地，可分为冻石、普通石、炼石数类，质量最好的是冻石。地的颜色主要有白、粉、黄、灰、绿、黑等，品相最佳的是白玉色的羊脂冻地，乌冻次之，最差的是绿地。血，要看其数量、形态、鲜艳程度。血的形态有片红、条红、斑红、霞红等，颜色有鲜红、正红、深红、紫红等。质量上乘的鸡血石应血多、形美、色鲜；反之，颜色暗红且血质飘散者为下品。

▲冻地巴林石“九龙戏珠”摆件

▲ 巴林冻石“多子多福”摆件

▲ 巴林鸡血石“群猴献寿”摆件

不同类型的巴林石的矿物成分不一样，如鸡血石含有辰砂，晶莹通透的冻石是地开石含量高而高岭石含量低，若高岭石含量高则透明度不好，若再颜色丰富，就形成了彩石。元素或矿物含量的不同还会导致巴林石色彩的不同，如黄色的巴林石含铁多，黑色的巴林石含锰多。

巴林石的各种美丽花纹是由于各种矿物元素的分布情况不一样导致的。如巴林石的流沙状花纹是高岭石呈分散团块状分布形成的；巴林冻石中有名的牛角冻，是由于含量较高的铁锰矿物呈微细状分布形成的；神奇的水草状图案的巴林石的形成是由于溶解了岩石中的铁锰物质的地表水，沿着巴林石的细小缝隙渗入，之后铁锰物质便沉淀在岩石上，故形成巴林石水草花。

巴林石的作伪手段

娇嫩润泽、七彩斑斓的巴林石是制作工艺品的上等石材。如今，巴林石知名度越来越高，其价值也不断攀升，随之而来的是大量的仿冒巴林石涌入市场，令人眼花缭乱、难以分辨。这既不利于维护巴林石的形象，也会使广大消费者蒙受不必要的损失。下面介绍几种巴林石的作伪方法，为鉴定巴林石的真伪提供帮助。

冒充法：用其他石材冒充巴林石。

镶嵌法：在普通巴林石上镶嵌鸡血石或鸡血石薄件。鉴别方法是仔细观察鸡血部分和地的部分有没有颜色过渡，血色和纹理是否协调。

▼ 巴林鸡血石“梅花”摆件

▲ 巴林彩石“龙行鸿运”手把件

▲ 巴林彩石“观音”方章

描绘法：即用红漆或硫化汞在没有血或血很少的巴林石上涂抹。但这样造假出来的鸡血石纹理不清，血色呆滞、不自然。

煨色法：即用火煨煅纯净少裂的巴林石，使其色质发生变化。需注意的是，经火煨处理的巴林石质地变得脆硬，可用硬刀刻来辨别真伪。

添补法：即为适应雕件设计的需要，用胶水在某个部位粘补上鸡血石或冻石、彩石等。鉴别这种造假石要仔细留意质地、颜色有明显差异的部位，看是否能发现粘贴痕迹，用刀刻划贴接处，可感觉到明显差别。

巴林石的文化

质地温润、色泽艳丽、纹理奇特、质感凝重的巴林石在众多石材中脱颖而出，深受世人青睐。虽然巴林石的形成距今已有上亿年，但它真正被大规模开采并批量出现在人们眼前却是近几十年的事情。

▲ 巴林福黄石雕“瑞兽”手把件

巴林石质地温润、光泽柔和、软硬适中，非常适合篆刻印章或雕刻精细工艺品，是收藏界的瑰宝，深受赏石家青睐。在国内外的展览会上经常能看见巴林石的身影。1979 年，在美国举办的中国工艺美术展览上，巴林石崭露头角，并迅速闻名中外。1998 年，藏石家于占武先生赠送给香港一件崔连魁篆刻的巴林石“香港回归一周年纪念玺”；1999 年在澳门回归之际，他又送给了澳门一件巴林石刻“澳门回归祖国纪念玺”，引起了国内外的广泛关注。2001 年 10 月，亚太经合组织的国家首脑在上海开会，筹委会为参会的各国首脑挑选的礼物就是温润绚丽、意义深远、带有东方文化色彩的巴林石。从此巴林石更加受到国内外人们的广泛关注。这些无不体现出巴林石在世人眼中拥有崇高的地位，在藏石界不断绽放光芒。巴林石属于石文化的一个代表，具有深厚的文化底蕴。

通过鉴赏、把玩巴林石，多方位、多角度、多领域探索、领悟、发掘石文化内涵，吸收多门学科的知识，能使巴林石文化更加生机勃勃。有位藏石家曾经说："艺术不能脱离时代感情。"石文化的发展是永不止步的，若想让巴林石文化更好地发展，就需要科学和文化工作者积极地向公众普及有关巴林石的各方面知识。

▲ 巴林福黄石"佛山"摆件

近几年，在中国石雕作品“天工奖”评选中，巴林石石雕作品《天鹅壶》《蜗牛》《唐宋八大家》《前赤壁赋》《十八罗汉》《秋鸣》等分别获得不同奖项。随着文化艺术的发展，巴林石雕刻艺术一定会取得更优秀的成绩。

▲ 巴林石“瑞兽”手把件

▲ 巴林福黄石九螭纽章

第三章 奇特天成的观赏石

▲灵璧石仙崖避雨摆件

中国的传统文化源远流长，具有丰厚的内涵，中国拥有上下五千年的悠久灿烂的历史，赏石文化的历史也有三四千年了，古人博大精深的赏石文化传统对后人产生了很大影响。正因为如此，古时诸多文人雅士拟石比人，心石交流，通过石陶冶性情。进入现代以来，观赏石的魅力依然不减，越来越多的人加入到了收藏、投资观赏石的队伍中来，促进了观赏石的长远发展。

灵璧石摆件与手把件

早在战国时期古人就开始推崇灵璧石的风采，宋代文人则在诗中对其赞誉道“灵璧一石天下奇”。灵璧石具有“瘦、皱、透、漏”的特点，它外形千变万化、形象生动，质地坚韧温润、细腻光洁、滑如凝脂，享尽了人们的宠爱。灵璧石因以上特点而在奇石中独占鳌头，使得世人无法抵挡它的魅力，纷纷加入到收藏、鉴赏灵璧石的行列中来。

▲ 灵璧石“凤脊”摆件

▲ 灵璧石“灵峰妙境”摆件

灵璧石的特征

灵璧石格调高雅，外形奇特，优点众多，有很高的欣赏价值。它美在天成，美在古朴，美在奇特，美在似与不似之间。灵璧石的颜色主要有黑、白、赭、绿，还有其他杂色。灵璧石质地细密、纯净光洁、温润光滑、坚硬厚重、不易风化碎裂、造型奇特、姿态万千，是古今艺术家进行石艺创作的上等石材。灵璧石有树皮纹、线纹、螺旋纹、龟纹、胡桃纹、蜜枣纹、鸡爪纹、黄沙纹、金丝脉纹、银丝脉纹和赤丝脉纹等各种奇妙的纹理，这也是它的一大特色。叩击灵璧石可听到悦耳的声音，余音悠长，犹如天籁，故又称“八音石”，早在商周时代就用它制作石磬，在古代它与编钟的前身“钲”同为宫廷主要乐器。现今也有很多人认为灵璧石的悦耳之音可以带来吉祥平安。灵璧石具有非凡的艺术魅力，不论大石、小石，都造型奇特，千变万化，用它创作出的石艺作品，件件气势非凡，气韵沧桑，既有分量感，又有温润感，豪放洒脱，意境深远。灵璧石是大自然的杰作，奇石爱好者们若想刻意搜求佳品，有可能踏遍山岭、长途跋涉，费了大量的精力和时间，也难以觅得，而有时不经意间就可能获得一件上好的灵璧石，这就是灵璧石收藏价值和鉴赏价值之所在。

▲ 清 太湖石“瑞兽”摆件

灵璧石与名人 >>>

唐代诗人白居易居住在符离东林草堂时，曾将一块又怪又丑的灵璧石放在庭院中，摆上琴，倒满酒，喝酒吟咏，把那块灵璧石当成尊贵的宾客对待，留下一段佳话。

苏东坡也有一段与灵璧石有关的小典故。张氏园中有一块灵璧石，其造型非常奇妙，苏轼见之，喜爱之极，泼墨作《丑石风竹图》。

画家皇帝宋徽宗也特别喜爱灵璧石，他对自己收藏的很多形态各异精品，奉若珍宝。他有一块经常把玩的小块灵璧石，名叫“灵璧小峰”，徽宗御笔为其题了“山高月小，水落石出”的字句，镌刻在了该石上。

宋代著名书画家米芾曾出任江苏涟水官员，那里距离灵璧石的产地——安徽灵璧比较近，他只要有空就去那里搜罗奇石，得到灵璧佳品便闭门不出，终日赏玩。若遇到十分精巧、珍奇的小块灵璧石，他便藏于袖中，以便随时能够欣赏、把玩，实在是痴迷至极。

这几个故事仅写到痴迷灵璧石的古代名人中的几位，其实古往今来拜倒在灵璧石魅力之下的人数不胜数。

灵璧石的分类

灵璧石种类繁多，可分为磬石类、龙鳞石类、五彩灵璧石类、花山青霜玉类、透花石类、白灵璧石类等。

1. 磬石类

叩击磬石能发出八个音阶，故又名八音石。磬石由含细小而均匀的方解石矿物颗粒的细晶质石灰岩构成，由于受变质作用的影响，矿体被挤压，形成类似于“瓷”的结构，这种特殊的物理构造，导致磬石能发声。

▲ 清 灵璧石“守望”摆件（两件）

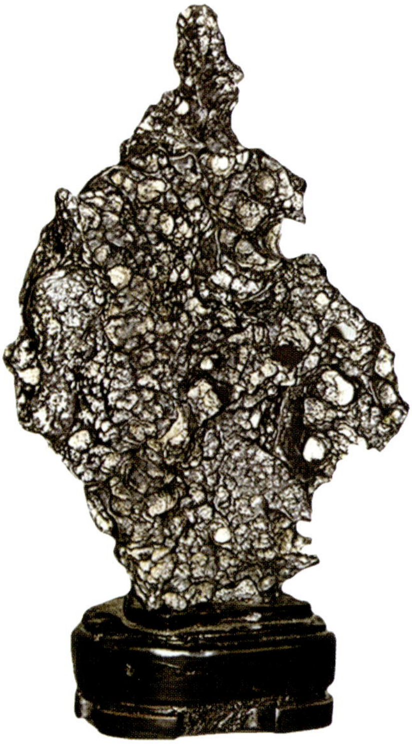

▲ 灵璧石“沉思”摆件

▲ 黑灵璧石“关公”摆件

磬石按其色泽和纹理的差异，可细分为墨玉磬石、灰玉磬石、三花磬石、龟纹石等。墨玉磬石又名黑灵璧，颜色漆黑如墨、质地坚硬、结构致密、声音清脆、造型奇特，古代制作磬，就主要使用墨玉磬石。天然形成山峰状的墨玉磬石很受人们喜爱，最珍贵的是天然形成动物或人物造型者。灰玉磬石又名灰灵璧，颜色灰黑，质地坚硬，音质沉闷，外形奇特，常有形似动物的造型，栩栩如生，具有很高的观赏价值和收藏价值，是灵璧石中的上品。三花磬石结构致密，石上分布着粗细不等的白色方解石条纹，纹理和蟹爪、蟠螭相似，黑白分明，非常美观，外形和音质类似于黑灵璧，是灵璧石中的佳品。龟纹石，颜色青黑色，石的表面分布着纵横交错的螺旋状龟纹，其音质、外形、石质基本与黑灵璧相似，现几乎绝迹，非常罕见。

2. 龙鳞石类

龙鳞石又叫碗螺石，根据颜色不同可分为红碗螺、灰碗螺、黄碗螺等，质地粗糙，凹凸形涡状旋纹满布石表，视觉冲击力强。这种纹理是远古震旦纪海底蓝绿藻植物留下的痕迹。经过切片加工和打磨上光的龙鳞石，表面会显露出一个个螺状环体图案，轮廓清晰，环状色差很大。

3. 五彩灵璧石类

五彩灵璧是指由很多不同的颜色组成的一类灵璧石，可分为两种：一种是彩灵璧，五彩缤纷、颜色绚丽，有黄、棕、褐、红、青等颜色，并带有美丽、奇特的花纹；另一种叫图案灵璧，带有姿态万千、曲折有致的图案，如山峰、溪流、日出、云霞、松柏、亭台等。彩灵璧色彩缤纷，质地细嫩，外形美观，其音质沉闷或无声。质量上乘的灵璧石要求七彩斑斓、具有天然洞穴、形态轻盈。图案灵璧以千变万化的图案取胜，此类石石表粗糙，有青灰、褐黄等颜色，纹理一般为灰黑色，构成各种有趣的图案，深受收藏家喜爱。雪花灵璧是图案灵璧中的著名品种，雪花样的白斑散布于灰黑色的石体上，观赏价值较高。

4. 花山青霜玉类

花山青霜玉类灵璧石结构很致密，摩氏硬度超过 7，石表光滑，天然洁净。此类石的颜色一般由红黑两色组成，外形多似峰峦，自成一体。

5. 透花石类

透花石类灵璧石的图案位于石体内层，好像要透出来一样，故得此名。古朴典雅，沉静美观，对着强光观察，更是韵味无穷。外形多为圆形、椭圆形，主要为黑色、灰色，石上常有人物、花草、峰峦、清溪等图案。

▲ 五彩灵璧石“寿桃”摆件

6. **白灵璧石类**

白灵璧又叫白灵石，根据颜色差异可细分为红白灵璧石、黄白灵璧石、灰白灵璧石、褐白灵璧石、五彩白灵璧石等，主要成分为方解石和白云岩，质地坚硬细腻，不同的底色上呈现点点白斑，如积雪，似白云，点缀通体，天生丽质，观之悦目。

灵璧石的保养

保养灵璧石首先要特别注意保持其完整度，切忌磕碰。赏石界流传着“伤一分，不值一文”的说法。因粗心大意而损伤石体，是赏石中非常忌讳的。

水养奇石，培育灵气。灵璧石生长的水土造就了它质地细腻、声音清脆的特点，如果离土日久，缺失灵气，原有的特性就会受损。为此，应该通过水养来保护奇石，根据奇石体积的大小制定水养的周期，一周或十天不等，以确保奇石温润而有生气，避免其干燥、失去原有的光泽。水养的水最好是山泉，若没有，纯净水亦可，千万不能用污水养石。有条件的还可以进行土养。

▲ 灵璧石“虎转乾坤”摆件

▲ 白灵璧“石雪花山”摆件

▲ 灵璧石“千崖竞秀”摆件

▼ 灵璧石“傲雪寒梅”摆件

在赏玩灵璧石的过程中，要经常抚摩、把玩石头，与石交流，久而久之，石头表面即可生出或泛出包浆（其他观赏石多无包浆），使石头看起来更凝重古朴，别有一番韵味。赏石者对奇石的爱护，使得包浆得以形成，这就应了一句话——“养石即养心”。包浆越凝重，灵璧石赏玩价值愈高。

赏玩奇石是一件雅事，千万不可急功近利。有的人得到灵璧石就用油蜡涂抹，当时看起来确实显得温润油亮，可是殊不知油蜡乃化学之物，有很大的腐蚀性，经常涂抹会使石肤的毛细孔被封堵，不能正常进行“呼吸”，时间久了，其石表便会产生一层白色的结痂和碱性分泌物，如清理不及时，结痂脱落，就会损伤石肤，大大影响奇石的美观度。同时，奇石一旦上蜡，很难清洗，会使石表光泽不自然，显得不够原汁原味，失去了奇石古朴天然的感觉。“石不能言最可人”，我们在保养灵璧石时，不要把石当成死物，要以石为友，学习石的高贵品质，与石用心沟通，领悟藏石的真谛。灵璧石历史悠久，具有深厚的文化底蕴，因此赏玩、收藏可以许多人一起交流，互相学习，进而逐步提高自身修养，获得玩石的快乐。

▲ 灵璧石“西北望”摆件

▲ 灵璧石“雄鹰展翅”摆件

灵璧石的辨伪

古往今来，灵璧石始终被认为是最具收藏价值的石种之一。因此，很多石农为获取更高利益而对灵璧石进行人为加工，有钻洞、涂刷、上色等许多方法。下面就介绍如何辨别灵璧石的真假。

鉴定时我们可以先看看灵璧石的底部。观察是否有硬化的红黄色的砂浆附着在底部，注意砂浆不是胶粘的。一些小块奇石的砂浆可能基本被清掉了，但底部还是可以看见的。如果没有砂浆，该石就有可能是假冒的。

还要注意观察石皮、纹理。天然灵璧石应该是温润如玉、滑如凝脂、洁净光亮的。石肌中存在着清晰流畅的白灰色纹理，这是灵璧石的一个显著特点。有的人伪造石纹，冒充灵璧石，应注意天然的纹沟是“V”形的，而人工伪造的石纹呈“U”形，且纹色不自然。用水洗可发现，人工制造的石纹上水干得慢，天然的石纹上水干得快。

还可以用叩击辨音的方法鉴别灵璧石的真假。灵璧石属于石灰石，质地比较坚硬，用手叩击或用木棒敲打，可以发出清脆的声音。因此如果我们叩击灵璧石，它没有发出声音，就要考虑其是否是假冒的。

另外，有些太湖石与灵璧石形态类似，叩击也能发出些许声音，有人就用染黑的太湖石来冒充灵璧石。由于灵璧石硬度高于太湖石，鉴定时可以用小刀轻轻削刮石的不显眼处，若有石屑被刮出，就是太湖石。另外，也可以从纹理辨别，太湖石虽有白色纹理，但远不如灵璧石黑白分明的白色纹理清晰而众多。

上面这些就是鉴别灵璧石真伪的一些基本方法。广大奇石爱好者在鉴定灵璧石真假时，不可偏信其中一两种方法，应该多交流、多学习，在实践中不断积累经验。如今，灵璧石的市场越发火爆，为获取利润，肯定会有人不断改进技术，伪造灵璧石，为此我们要勤于研究，努力提高自身鉴定灵璧石真假的能力。

▲ 白灵璧石“灵洞”摆件

▲ 灵璧石“龙脊”摆件

雨花石摆件与手把件

雨花石乃石中珍品，它吸收了天地之精华，绽放出迷人的光芒。古往今来，雨花石一直名扬四海，它质地莹润、线条流畅、色彩绚丽、纹理奇美、意境悠远、赏心悦目。其产地风光旖旎，人杰地灵，文化底蕴深厚。美丽奇特的雨花石深深吸引了我国古代文人雅士的目光，他们将其奉若珍宝、待若上宾，留下了无数关于赏玩雨花石的佳话。美丽的雨花石见证了人世间的沧桑变迁、荣辱兴衰，历经千万年，独具风采。

▲ 五彩缤纷的雨花石

▲ 雨花石“芦林秋色”手把件

▲ 雨花石“大漠风光”摆件

雨花石的种类

雨花石种类丰富，通常可分为四大类：

1. 画意石

即石面上具有山水风光、人物典故、飞禽走兽等图案的雨花石，可细分为画面石和寓意石。画面石的图案简洁明了，纹理清晰流畅，色彩丰富绚丽，冷暖色调自由组合，布局清晰，能简单地突出主题，让人印象深刻、一目了然。画面石具有不同的风格，有的带有中国画的韵味，有的显现西方油画的特色，还有的有速写及卡通的风格等。寓意石的图案非常奇特，色彩变化万千，似景非景，似物非物，贵在富有神韵，主题具有含蓄美，令人感觉意犹未尽、意境深远，以具有透视力的石头为主。画面石主题鲜明，寓意石主题朦胧；前者富于美术美，后者偏重诗词美，两者交相辉映，各有千秋，深受文人雅士的青睐。

2. 文字石和抽象奇巧石

文字石的画面朦胧得和某些文字相像，抽象奇巧石的画面出乎意料，又在情理之中。此类雨花石颜色奇特、石形秀巧，偏爱此类石的赏石者通常具有很高的审美情调和文化素养，追求奔放浪漫而又奇特的主题。

▲ 雨花石“四季”摆件

▲ 雨花石“冰峰月夜”手把件

3. 化石

雨花石还包括许多海洋古生物化石，有一些是我们已知的，有一些是我们还不了解、有待于考察的，最主要的一部分是由破碎的或被挤压变形的海洋古生物混合泥土组成、含二氧化硅成分的卵石。此类雨花石，除具有观赏价值处，还具有很高的科研价值，一般爱好地质学和海洋古生物学的人士爱收藏此类雨花石。

4. 玛瑙石

玛瑙石在雨花石中占有重要地位。玛瑙晶莹通透，具有玉的特点，其主要化学成分是二氧化硅，质地很坚硬。玛瑙和水晶是姊妹石，区别为玛瑙是由硅胶冷凝而成的，不是结晶矿物，是均质体，玉髓和微石英是其主要矿物成分。玛瑙的一个鲜明特征是具有像树木年轮一样的纹理。玛瑙石五彩缤纷，绚丽多姿，素有“千种玛瑙万种玉”之说。玛瑙石观赏价值极高，姿态万千，光彩夺目，开发历史悠久，享尽了世人的赞誉。

雨花石的传说 >>>

传说南朝云光和尚虔诚信佛，四处云游，为世人说法，规劝世人一心向善。在当时，佛教传入中国时间尚短，影响力不大，云光每到一处讲经时，听的人都很少，到后来根本没人去了，云光越来越对自己没信心。之后，有一天夜里，云光做了个梦，梦见观音菩萨送了一双麻鞋给他，叫他穿着去四处云游，鞋在哪里烂掉了，就在哪里安顿下来开讲佛经。话刚说完，观音就消失了。云光醒来后想，这一定是菩萨在告诫他不要放弃，要去四处传法。

云光打起了精神，走遍了山南海北，可脚上的麻鞋一直没烂。这天，他来到南京城的一座石子岗上，麻鞋突然坏了。他就索性坐在石子岗上，开始讲授佛经。起初听的人寥寥无几，讲了一段时间后，听众就越来越多。有一天，他又像往常一样讲经，这次讲得特别好，一直讲到夕阳西落，月上枝头，信徒仍不愿散去，正当云光讲得起劲时，天上突然纷纷扬扬下起了五颜六色的雨。原来是云光的精彩讲说吸引了月宫里的嫦娥，她为云光的执着精神打动，流下了感动的泪水。泪水落到人间化作了雨，雨落到地上时，却变成了一颗颗晶莹剔透的小石子。

▲ 雨花石“秋菊傲霜”手把件

▲ 雨花石“风云际会”手把件

后来云光终于修成正果，升天而去，人们把这由雨水化成的漂亮莹润的小石子称为“雨花石”。受到云光佛理点化的人们为了纪念他，便把云光讲授佛经的石子岗改为“雨花台”。

雨花石的赏玩

雨花石吸日月之灵气，藏诗词之雅韵。古往今来，它那令人赏心悦目、陶冶情操的风姿不知打动了多少文人雅士。雨花石娇小玲珑、韵味十足，具有含蓄、朦胧的美感，仿佛立体的画、无声的诗，畅游其中，令人酣畅淋漓。那天然形成的画面总让人不禁感叹大自然造物的神奇；那多变的纹理、绚丽的色彩，使人目不暇接，啧啧称奇；那图案中传达的意蕴，更是沁人心脾。

▲ 雨花石“茶园晨曦”手把件

▼ 七彩斑斓的蘑菇状雨花石手把件

▲ 雨花石“老鼠”摆件

雨花石娇小可人，玲珑剔透，很适合在手中把玩，也便于携带以及同他人交流、展示。赏石家比较看重石头的质地和硬度，雨花石质地温润、硬度较高，这两方面都很优良，且物理和化学性质都比较稳定，是奇石收藏中的佳品。如今，雨花石的市场越来越火热，越来越多的人开始赏玩雨花石。

赏玩雨花石的具体方法有多种，因人而异，下面我们介绍主要的几种：

水润，即将容器中盛满水，再将雨花石放置其中进行观赏。水中的雨花石显得更加晶莹闪耀、鲜明灵动，花纹与水波相映，变化出不一样的美丽。

迎光，即将雨花石放在一个器口与石相仿的小坛上，放在窗前，迎光赏玩。有些雨花石迎光观赏比水润的效果还好，可能正常观看很普通，透光后会发现妙不可言。

石组，即将不同色彩、纹理的石子搭配在一起，也叫“配锦”。配锦时需注意形要近似，纹、色要间隔。形状最好选给人圆润之感的圆形、椭圆形雨花石，颜色花纹要相间，给人错落绚丽之感。

▲ 雨花石“红花山庄”摆件

▲ 雨花石“古木山石”摆件

握游，即手握雨花石而游。宋代“石痴”——米芾，遇心爱之石，便藏在袖中，便于随时欣赏，留下了“握游”的遗风。清末民初，“握游派”出现在南京、上海、天津，他们觅得喜爱的雨花石后，便袖石握游。

雨花石的保养

雨花石虽然坚硬致密，物理、化学性质稳定，但毕竟曾常年埋藏于地下，现在突然重见阳光雨露，如果不妥善保养，导致灰尘杂质入侵，将会对雨花石造成伤害。

首先，不能将雨花石置于高温环境，否则会改变色素离子的性质，导致雨花石变质。因此要保证雨花石远离热源，避免其暴晒在阳光下。

雨花石的主要化学成分为二氧化硅，基本上属于中性，在自然界中它所处的地质环境基本上也是中性的。因此，我们也应保证收藏的雨花石的环境为中性。偏酸或偏碱的环境都会损伤雨花石，或被腐蚀，或改变颜色。水养雨花石时，也要注意使用中性的水。

雨花石喜欢湿润的环境，有些雨花石中本身含有水分子，过于干燥的环境会使其水分子消失，使得石体出现裂纹。因此雨花石所处环境要保持一定的温度、湿度。

雨花石应单独存放，以免被其他硬物磕碰、磨损。平日里应小心呵护，轻拿轻放，防止因机械性碰撞而造成不必要的损伤。

雨花石的文化

在中国历史上，关于雨花石有很多美好的故事。历代喜爱雨花石的文人雅士非常多。南京某处文化遗址中出土的文物里面就有雨花石制成的珠、管、圈等环状装饰品。据说，宋代大文学家苏东坡就喜欢赏玩雨花石，他收集的雨花石有几百块，有黄、白、红等色。受东坡先生的影响，当时社会形成了赏玩、收藏雨花石的风尚，雨花石成为文人雅士喜爱的玩物。明代著名书画家米万钟曾在六合担任县令，发现雨花石精巧奇特，因此出高价买了很多。一时间，采石、卖石、藏石之风大盛。雨花石直到今天也备受人们青睐。在韩国举办的第 24 届奥运会上，中国体育代表团选了雨花石作为幸运石，让其他国家的人们也一睹雨花石的风采。大文学家郭沫若称赞雨花石“宁静、明朗、坚定、无我”。京剧大师梅兰芳先生也喜欢赏玩雨花石，他曾收藏过一枚被称为“荒岩遮满苍苔”的雨花石，黄底绿纹，还有红丝游走，妙趣天成。

▲ 雨花石“山间小路”摆件

雨花石的收藏投资

如今收藏投资雨花石已成为时尚，琳琅满目的雨花石有时可能令藏者眼花缭乱，下面介绍收藏、投资雨花石的几个要点。

1. 听从自己的审美观

现代雨花石收藏者的受教育程度、文化素养一般都比较高，加上具有比较广阔的眼界，他们往往具有独到的审美观。因此，他们在收藏雨花石时，会仔细甄别、挑选石质、色彩、品相和内容符合自己审美观的。这样挑选出的藏品往往与众不同、不随波逐流、有个性，这样的藏品更易吸引他人的目光。

2. 相信人与石的一见钟情

对于经验还不足的雨花石收藏新手，在购买时，若是看到一见钟情的石头，就要果断收藏，这是眼缘。

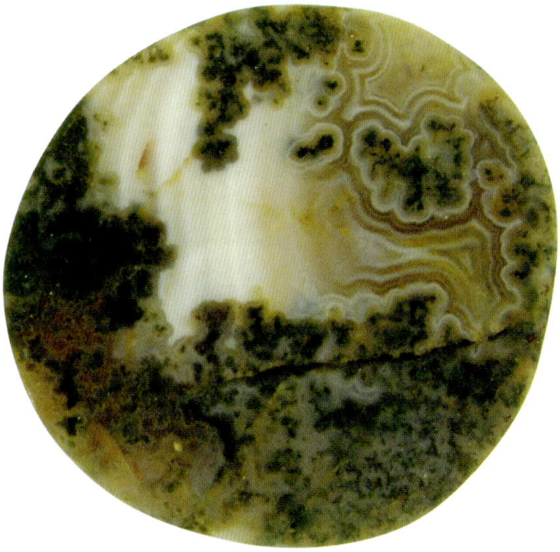

▲ 雨花石“松林烟雨”摆件

▲ 雨花石“波光粼粼”摆件

▲ 雨花石“湖光春色”摆件

▲ 雨花石“凌波仙子”摆件

3. 收藏精品

收藏雨花石宜选精品，精品雨花石应具有以下特点：

（1）石头本身要质地温润，颜色绚丽，纹理流畅。

（2）主题突出，画面和命名要恰如其分，这样的雨花石具有恒久的生命力，很容易引起赏石者的共鸣。

（3）精品奇石具有深远的意境，或粗犷豪放，或清新优雅、品位不俗，投资此类奇石，容易获得高回报。

4. 专题收藏

等到雨花石藏品多了，就可以把它们分门别类，形成专题和系列。如脸谱系列、生肖系列、风景系列、花卉系列、人物系列、庙宇系列等，这样观赏起来，十分有趣。形成专题的藏品，会有更高的升值空间。

黄河石摆件与手把件

黄河以出神入化的手法塑造了姿态万千、形象生动、缤纷绚丽的黄河奇石，如黄河上游产的兰州黄河石，它画面奇特，色彩斑斓，在全国各地奇石中的地位非同一般。天地间没有哪一位能工巧匠具有黄河这样雄伟的气魄。它奔腾不息，一泻千里，以无与伦比的气魄创造出一件件令人叹为观止的黄河石佳作，为人间带来精美绝伦的自然瑰宝。

黄河石的分类

黄河石的开采和利用历史十分悠久，包括景观石、象形石、图纹石、色彩石、抽象石、生物化石等。

在黄河的不同河段出产的黄河石质量差别很大，这是由于各个河段的山石岩质、矿物成分、自然条件的不同造成的。按黄河的不同河段可将黄河石分为青海河源石、兰州黄河石、宁夏黄河石、河曲黄河石及洛阳黄河石等种类。

▲ 黄河石“小山羊”摆件

▲ 黄河石“寻梅”摆件

1. 青海河源石

青海河源石主要出产于青海境内的黄河上游主河道，按照外形差异可分为乌金石和鼓丁石两种不同类型。乌金石石表不平滑，上面布满孔穴、沟壑；鼓丁石的石表常凸出一个个青灰或灰色的圆形疙瘩，恰似星辰，因此又名星辰石。青海河源石属火成岩，块度较大，很少有纹理，有不错的水洗度，石形圆润、质地坚硬致密、石肤细腻、色泽凝重，一般都是青色、黑色和灰色的。

2. 兰州黄河石

兰州黄河石历史悠久，宋代的《云林石谱》中就已明确记载了兰州黄河石，并把它归为名石行列。兰州黄河石主要出产于黄河上游刘家峡水库至宁夏青铜峡水库的河道，尤其以兰州附近的黄河河道所产最多，这是由于兰州地区地势平坦，黄河的流速减缓，许多河卵石在此地沉积。兰州黄河石主要属于火成岩、沉积岩、变质岩，尺寸较大，结构致密细腻，外形多为圆形、椭圆形，质地有石英质、玛瑙质等多种。兰州黄河石以画面取胜，最具收藏价值的是图画石、纹理石，这两类奇石色调古朴丰富，意境恢弘壮阔，画面以表现大自然的日月星辰、山水风景为主。

▲ 青海黄河石“观日”摆件

▲ 兰州黄河石“灵芝”摆件

3. 宁夏黄河石

宁夏黄河石主要产于宁夏银川市及中卫市一带的黄河河段。黄河在宁夏境内的流经地区以平原为主，水流平稳，卵石滩众多，奇石储量非常大。宁夏黄河石岩质以石英砂岩、石英粉砂岩、花岗岩、砂岩为主，辅以浅变质石英岩和沉积岩，这些岩石常年经流水冲刷、磨砺，再加上石内化学元素的晕染而形成今天的模样。宁夏黄河石中最有名的是图纹石，其石质坚硬致密、外形浑圆、纹理奇特、构图巧妙、意境幽深、缤纷绚丽，由赤、橙、黄、绿、青、蓝、紫等各种颜色相互浸染、组合，有很震撼的视觉效果。

4. 河曲黄河石

河曲黄河石主要出产于山西省河曲县内黄河中游的娘娘滩和太子滩。河曲县境内的岩石主要为很古老的砂页岩类，这里河道曲折，有大量支流汇入，因此沉积了大量岩石，它们经过黄河水长期的冲刷、磨蚀，逐渐变成了各种各样精美的奇石。河曲黄河石包含图纹石、造型石、化石、卵石等多种，其中图纹石五彩斑斓、纹理奇特、画面古朴雅致，具有极高的观赏价值；黄河两岸山中的块岩经水冲蚀形成造型石，其造型陡峭嶙峋，似人似物，妙趣横生；化石主要是鱼类、贝类化石及硅化木等；卵石结构致密，外形圆润，石肤光滑细嫩，体积小巧，适合在手中把玩。

5. 洛阳黄河石

洛阳黄河石又名洛水石、河洛石，主要产于黄河三门峡至孟津河道弯处或河床低凹处。洛阳黄河石属河卵石，水洗度非常好，石表光滑细嫩，外形是圆形或椭圆形，纹理千变万化，颜色古朴典雅。洛阳黄河石质地温润细嫩、图纹姿态万千、色泽五彩缤纷，历来深受文人雅士的青睐，多被用于案头赏玩、装点居室。洛阳黄河石岩质多样，有硅质玛瑙、半透明玉质、沉积岩、变质岩、砂岩等多种，摩氏硬度从 4 ~ 7 不等，颜色丰富，有褐、棕褐、深黄、浅黑、白、红、橘等色。洛阳黄河石中最令人惊艳的一个品种是日月石，石面上常形成圆、半圆、月牙状的图案，就像太阳、月亮或是日食、月食等天然奇观，有的日月周围还点缀有一些彩线涡纹，犹如朵朵祥云，有的似旭日东升，有的似月上柳梢、月上山冈等。日月石是大自然赐予我们的瑰宝，是洛阳黄河石中十分独特、美妙的一个品种，近年来其价值不断攀升。

▲ 黄河石“秋实”摆件

▲ 宁夏黄河石“金猴祝寿”摆件

▲ 黄河石“彩云追月”摆件

黄河石的品评

黄河奇石是天然形成的，具有观赏和收藏价值，它质地坚硬、颜色绚丽、画面奇特、恢弘大气，令人爱不释手，连连称奇。黄河奇石既具有自身鲜明的特色，也有和其他奇石相同的共性，在品评它时，可从形、图、色、韵、质以及座、名几个方面来入手。

从形来说：无论藏品是大是小，是画面石还是象形石，都要求它通体完整，自然天成，无破损、无裂纹、少疤痕。

从图来看：质量上乘的画面石必须图案清晰。可以是生动具体的象形图案，表现花鸟虫鱼、山川河流等景观；也可以是含蓄概括的抽象图案，展现深远的意境。

从色来看：黄河石的色彩大多古朴雅致、大方凝重，尤以色彩纯净明快、不灰暗阴沉者为佳。若包含多种颜色，则要层次分明、对比明显。

从韵来看：奇石的韵对价值影响很大，一件精品奇石，或是有美好的寓意，或是有深远的意境，不管是什么题材，一定要有趣味、有韵味。值得注意的是，有的石头看似无特别之处，可是却耐人寻味，这就是韵味的神秘之处。

从质来看：好的石头要质地坚硬细密，温润光洁。品评黄河石的时候不必对石质严苛要求，因为黄河石，构成复杂，精品在各种石质中均有出现，如果前面四点都很优良，而质略次亦无伤大雅。

此外，如果奇石被制成摆件，那么它的配座也是品评的一方面，要看石与座是否和谐，座是否能更好地衬托奇石。

奇石的命名也不可忽视，好的命名可以明确主题，表达作者的感情，引发观赏者的联想和想象，更容易打动观赏者。

黄河石的收藏现状

如今黄河石的收藏市场越发活跃，越来越多的人加入进来。据相关资料，较早的收藏黄河石的是一些工艺美术家，他们收藏的种类很多，研究得也很精深。20 世纪 90 年代末，出现了黄河石协会，他们组织了多次大规模奇石展，引起了广大奇石爱好者的极大关注，促进了黄河石文化活动的发展。1997 年，甘肃主办了一场“中外奇石收藏家名石大展”，有涉及全国 20 多个省（市）的 160 多位收藏家参与了此活动，共展出了 2000 多件奇石作品，其中参展最多的是兰州黄河石，并且深受好评、屡获大奖。兰州有较大规模的白塔山奇石馆、隍庙奇石交易市场等，还有很多家庭藏石斋（馆），规模不一，蓬勃发展。

▲ 黄河石“钟馗”摆件

▲ 黄河石“林海雪原”摆件

▲ 黄河石“云霞满天”摆件

▲ 黄河石“竹林”摆件

随着黄河石市场的不断升温，黄河石文化理论研究也不断深入，出现了不少如《黄河奇石文集》《漫话黄河石》《黄河石谱》等黄河石文化专著。黄河石收藏的文化意义重大，如今已不只局限于传统的收藏和赏玩的范畴，而是从艺术审美价值扩展到了经济价值和更为重要的社会价值。古朴奇特的黄河石很多都可以卖到数千元，甚至可以卖到上万元。收藏、赏玩黄河石成为集提高审美、陶冶性情和锻炼体能等于一身的活动，对弘扬精神文明建设和促进全民健身运动都有很大益处。许多老年人积极觅石、藏石，使得老年生活变得充实，进而精神焕发、身体康健。人们在收藏、赏玩奇石的过程中，心灵得以净化，素质得以提升，受益良多。

长江石摆件和手把件

长江干流出产的奇石被统称为长江石，在我国观赏石中占有重要地位。青藏高原的唐古拉山脉是长江的源头，它流经横断山区，河流落差大，水势迅猛，这种复杂的地质结构是长江石诞生的沃土。

长江石的分类

从金沙江上游到湖北荆州的河道内都分布着长江奇石，由于河段不同，长江石差异较大，可分为青海长江石、云南金沙江石、泸州石、三峡石等。

▲ 长江石“常青树”摆件

▲ 长江石“屈原投江”手把件

▲ 长江风景画面石摆件

1. 青海长江石

长江青海境内段所产的奇石，被统称为青海长江石，通天河、楚玛尔河、沱沱河、当曲等是其主要出产地域。长江发源于青海，这一河段山势高耸、地形复杂，所产奇石主要为花岗岩类及其他卵石类画面石，画面的题材主要是人物、飞禽走兽、文字等，偶有象形石和星辰石。青海长江石因采集环境非常恶劣，数量稀少，收藏价值较高。

2. 云南金沙江石

云南金沙江石，主要产于云南省昭通市一带的金沙江沿江漫滩，属于江河卵石，质地坚硬致密，硬度最高的可达 8；石肤光洁细腻，手感很好；颜色清新瑰丽，似水墨丹青；石体非常洁净，水洗度好，外形圆润，气质典雅，具有极高的艺术美。

3. 泸州石

泸州石，又名泸州文石，产于四川省泸州市境内的长江江畔，在长江石中占比较大。泸州石具体可分为造型石、象形石、纹理石等，其中最出众的是纹理石。此石结构致密，外形圆润，缤纷绚丽，玲珑剔透，放在水中，更显得光鲜亮丽，锦绣般的图案熠熠生辉，观赏价值、收藏价值都很高。

▲ 长江石“虾趣”摆件

4. 三峡石

三峡石是长江石中最具代表性的一种，因其产于长江三峡河段，故得名，主要分布于湖北宜昌至枝江一带沿江两岸的溪流河谷或崇山峻岭中。

三峡石石形精巧玲珑、纹理清晰、斑斓耀眼、造型奇巧、种类丰富，其形态、色彩、纹理、神韵等都与众不同。三峡石可分为浑浊类、花色类、形象类、纹样类、透明类等，其下又包括图画石、清江石、墨纹石、多彩石、流纹石、葡萄石、集锦石、玛瑙石、浮雕石、裂纹石、结核石等小品种。在众多三峡石石种中，最有名的是图画石，其题材众多，有的似人似物，生动形象，惟妙惟肖；有的七彩斑斓，犹如画作；有的花纹巧妙交叉，恰似文字，受到了人们的强烈追捧。

▲ 泸州长江石“归园田居”摆件

▲ 长江三峡石“海天一色”摆件

▲ 长江三峡“山”字石摆件

情牵三峡石的诗人 >>>

历代诗人常以三峡石为对象吟唱赞美，留下了许多脍炙人口的佳作。

唐代诗人杜甫曾到达夔州，作了一首名为《石研》的诗，赞美一块天然三峡奇石，光泽鲜亮、恢弘大气，诗云：“……奉使三峡中，长啸得石研。巨璞禹凿馀，异状君独见。其滑乃波涛，其光或雷电。联坳各尽墨，多水递隐见。挥洒容数人，十手可对面。”唐代白居易作《初入峡有感》——“大石如刀剑，小石如牙齿”，描绘三峡石奇特多变的外形。唐代刘禹锡作《滟滪石》：“懊恼人心不如石，少时东去复西来。”此诗赞美了石性坚定不移，人心远远比不上它。唐武宗时期的宰相李德裕也很欣赏三峡石，有一次他恰巧路过三峡，获得了一枚心仪的奇石，即兴咏道：“十二峰前月，三声猿夜愁。此中多怪石，日夕漱寒流。必是归星渚，先求历斗牛。还疑烟雨霁，仿佛是嵩丘。”宋代欧阳修作《寄梅圣俞》，赞美三峡石的画面如同是精心绘制的画作，诗云：“惟有山川为胜绝，寄人堪作画图夸。”宋代范成大在《三峡竹枝词》中咏道："瞿塘女子好春游，踏碛犹知忆武侯。八阵图前寻小石，摇摇和风系钗头。”明代雷思沛《纪行诗》："石与人争雄……如炼补天石。”这是赞美三峡石古朴、粗犷。明代文安之为赞美三峡石精妙绝伦，作《咸池采石歌》："天精散落入地脉，龙章凤质何纷纭。”三峡石中的鹦鹉螺化石是清代一位藏石家林鸣莺发现的，此石横切面的图案与太极图极相似，因此又名太极石。林鸣莺特作《太极石》一诗，咏道："一画开先天，太极蕴兹壤。乃知混沌初，已具动静象。”诗人面对石上的画面，展开了想象，描绘了开天辟地之初的混沌场面。

5. 四川金沙江石

四川境内金沙江河段的奇石，我们称为四川金沙江石，主要产于四川省宜宾市、宁南县、会东县等地的金沙江河床。岩质有硅质玛瑙、半透明玉质、沉积岩、变质岩等。石质坚硬致密，细腻光洁；颜色丰富，纹理细密，对比鲜明，富有层次感；石上的天然纹理构成山峰河流、花草树木、日月星辰、飞禽走兽等各种题材的图案；石表光洁细滑，意境古朴凝重，观赏价值极高。

▲ 长江三峡石“云海”摆件

▲ 四川金沙江石“稻花香里说丰年”摆件

四川金沙江石风格独特，构成图案的纹理颜色非常丰富，且对比鲜明，石上色彩的搭配组合非常和谐。如白色或网状晶体图纹出现在青色地上；白色、黄色地上会显红色、黑色、咖啡色等纹路；黑色或黄色等纹路出现在绿色地上等。石色与纹理相得益彰，仿佛是精心搭配的一样。还有很多鲜艳的单色石头，也很漂亮，如红如血、黄如金、绿如翠、白如玉的奇石。其中以颜色缤纷艳丽、对比强烈、搭配和谐者为上品。

6. 江安石

四川省宜宾市境内江安河段的大小河滩上产的江河卵石叫作江安石。岩质有变质岩、石英和砂岩，也有火成岩、沉积岩等，硬度较大、姿态万千、纹理丰富、线条流畅、五彩缤纷、画面生动。江安石中的图纹石画面丰富，有山水风景、仙佛寿星、花鸟虫鱼、亭台楼阁等，还有较为抽象的图案；造型石则千变万化，仿佛艺术家精心雕刻的艺术品，似人似物、生动形象；色彩石更是七彩斑斓，十分耀眼。

▲ 长江石“红霞满天”手把件

▲ 长江石“米芾拜石”摆件

长江石的保养

长江石长期处于江水中，亲水性很强，浸泡在水中观赏，其颜色更光鲜，图纹更美丽。如果长江石没有很好地保养，颜色容易暗淡，石皮粗糙，图案模糊。因此，掌握一定的长江石保养知识是很有必要的。

如果需要清洗长江石，则要具体情况具体对待。如果石头上有沉积的泥沙，千万不能意图将其磨下来，以免损伤石表，留下打磨的痕迹。妥善的做法是，将水盆中放入能没过石头一半的水，将石头放进去，用一块略小于鼠标的卵石轻轻敲击积沙，边敲边用水冲走敲碎的积沙，直至石表变得不刺手为止。

若是石头表面被污染了，应先用清水冲洗，如果洗不干净，可以用酸性溶液来清洗污渍。具体方法是用纯度高达 99.4％的草酸，与清水按 1∶50 的比例配制酸性溶液。要特别注意的是，酸洗只能用草酸，盐酸、硫酸都不行，因为腐蚀性较小的草酸不会损伤石头。一般将石头在酸性溶液中浸泡 1~2 个小时即可。若是石头污染很严重，可以多浸泡几天或者将草酸浓度提高到 4％~5％。用酸性溶液浸泡石头，要不时捞起石头看一看污渍被清洗的程度，如果已经被洗干净了，就不要再浸泡了，立刻用清水冲洗干净石头表面残留的酸性溶液，再将石头浸泡在盛有清水的容器中，浸泡一天换一次水，一般浸泡三天就可以了。

▲ 三峡石“丰收季节”摆件

▲ 长江石“望江”摆件

“质”即石质，长江石经过江水长期以来的冲刷打磨，石质坚硬致密，比其他江河卵石显得更为精致圆融，细腻光润，不须打磨处理，就能很好地显现其图案纹理。石质硅化程度普遍不高，给人一种古朴宁静、含蓄内敛、自然纯真的感觉。

“面”即表面，品相好的长江石应外表无破损、少裂纹，主体面平整、纯净。

“肌”即肌肤，长江石光滑细嫩，水冲度极好，石表自然，有的还具有天然石皮，纯朴雅致、风姿绰约。

“底”即底座，要注意底座和奇石是否和谐统一，是否能很好地衬托主体。

从画面品评

长江画面石有极其丰富的表现形式，或如薄意雕刻，或如螺钿镶嵌，或如风景照片，或如剪纸皮影，或如彩墨涂染，或如漫画卡通，应有尽有。画面的题材也很丰富，如神话传说、日月星辰、飞禽走兽、山峦峡谷、云霞满天等，往往同一题材有多种表现形式，各具特色，或写实，或象征，或粗犷，或含蓄，或繁复，或简约，或古拙，或灵巧。不同的质地，不同的感觉，可谓风格迥异、姿态万千，将长江画面石装点得神奇瑰丽、魅力十足。其中还有一种很引人注目的浮雕石，是由于岩石层理因硬度差异在江水冲刷中形成的，其形态诡异、朴拙沧桑、出人意料。

从颜色品评

长江石中还有丰富的色彩石，色彩石汇聚了赤、橙、黄、绿、青、白、紫等多种颜色，既有单色及过渡色，也有多种复合色。这类石种大多石质致密细嫩，五彩缤纷，不仅在色泽方面有较高的观赏价值，有的形状、画面也值得观赏。长江色彩石颜色俏丽、风格多样，有的清新自然，有的古朴典雅，都韵味十足。

▲ 长江石“马到成功”摆件

▲ 长江石“相伴一生”摆件

珍贵稀有而又不可再生的长江石精品是最值得人们投资的。这样的奇石，用于投资，获利最大；用于收藏，增值空间广阔。正是因为其稀有性和不可再生性，才使得长江石的市场价值一路飙升。长江石在形成过程中受水冲日晒，大多表面都有一层天然形成的石皮，加上它丰富多彩的表现形式、妙趣横生的内容题材，使其很难人为复制加工。

长江奇石精品，代表了我们这个时代的赏石理念和审美观点，具有独特的时代的人文精神信息，是非常珍贵的收藏品。

▲ 长江石“树木成林”摆件

第四章 古朴雅致的木雕与根雕

▲木雕立马成功摆件

木雕是雕塑的一种，在我国有着悠久的历史。木雕讲究精雕细镂，具有很高的艺术价值。根雕，是艺术家以树根的天然及畸变形态为创作对象，通过巧妙构思、艺术加工，创作出的不同题材的艺术作品。二者古朴雅致，具有强烈的民族色彩。

木雕摆件与手把件

由于各地的民俗、文化、资源和工艺的不同，木雕艺术出现了诸多具有浓郁地方特色的流派。木雕作品既可用于装饰、美化环境，也能陶冶观赏者的情操，是令人赏心悦目的艺术品，观赏、收藏价值均很高。

▲ 木雕“牛郎织女”摆件

▲ 黄杨木雕“南瓜”手把件（一对）

木雕的历史

先秦时期

我国木雕历史源远流长，最早可追溯到原始社会的新石器时代。起初，人们为记事，用石刀、骨刀在木头上刻符号，进而雕刻简单的木制用品。1973年在浙江余姚河姆渡文化遗址出土了一种“鱼形木雕”，在辽宁沈阳新乐遗址2号坑出土了一种“鸟形木雕”，它们是新石器时代最早的木雕作品。我国古代的书籍中也零散记载了关于木雕艺术的相关情况。在殷商时期，建筑中就已经开始应用木雕，如在河南安阳侯家庄商代墓葬中发现的镶嵌野猪牙片的雕花彩饰木椁板。商朝的宫廷、宗庙建筑中也发现有一些用木雕点缀的情形，当时的雕刻技法还比较粗糙。人类社会发展到封建社会后，社会生产力得到了大发展，炼铁术的出现有力地促进了木雕工艺的发展，这时木雕的表现手法不再仅局限于简单的刻纹，开始出现立体圆雕。春秋战国时期，漆器工艺发展非常迅速。而漆器工艺常和木雕工艺相互搭配、共同发展，如湖北江陵楚墓出土的“漆木鹿”“彩漆木雕鸟兽座屏”“木雕双凤漆座屏”，都说明当时木雕的造型美观多样，装饰范围有所扩展，表现形式和雕刻技法也得到了很大程度的发展，应用了镂雕、斜刀平雕等。

▲ 木雕“老人参”摆件

秦汉时期

秦汉时期是中国第一个大一统时期，国家的政治、经济、文化都不断发展，木雕工艺也开始大规模发展，官府还设立专门的机构统一管理木材运输等方面的事务。这些都为木雕工艺迅速发展提供了条件，此时期木雕工艺品数量较多。秦汉时期的随葬品非常丰厚，这也在一定程度上促进了木雕工艺的繁荣。多年来出土了大量当时的随葬木雕人物俑，题材多样，内容丰富，有犁田、收割等劳动形象，还有马戏、奏乐等表演形象。长沙马王堆一号西汉墓出土了很多木俑；甘肃武威、广州龙生岗汉墓中出土的木雕题材更丰富，有人物俑、动物俑以及木梳、木瑟、木船等生活、生产用品，造型多姿多彩、形象生动。

南北朝时期

南北朝时期，随着文化和商业的内外交流，佛教开始传入中国，这在很大程度上为木雕工艺的发展创造了条件。最突出的是梁武帝下令在全国广建寺院，大大促进了木雕在建筑装饰方面的发展。东晋著名雕刻家戴逵开创了木雕佛像的先河，他在会稽（今浙江绍兴）用整棵树雕成一尊“无量寿佛”。在我国河北承德普宁寺大乘之阁中有一尊巨大的木雕千手观音，高 20 多米，腰围 15 米，重 110 吨。

▲ 木雕“曹操”摆件

▲ 黄杨木雕“小狗”手把件

隋唐时代

隋唐时代，国力昌盛，皇家贵族大肆修建宫殿和庙宇。此时的木雕在创作题材上又进一步扩大，其作品除了继承宗教题材外，还掺杂了现实的气息，工艺品变得更加真实。唐代佛教木雕中，力士形象塑造得非常成功，整体感觉刚柔相济，刻画精湛传神。这时期应用于建筑方面的木雕恢弘大气、高贵典雅，盛唐时期的繁荣景象从中显露无遗。唐代的木雕艺人还精心创造了木偶戏造型。五代时期的木雕艺术品的形象、工艺技法多受唐代风格影响。在新疆吐鲁番阿斯塔那古墓中出土的五代时期的彩绘木俑，就具有浓厚的盛唐遗风。江苏扬州邗江蔡庄的一座五代墓中出土的一批着衣木俑，造型非常精巧细致，木俑神态生动，服饰精美，使得人体木雕艺术作品在表现上又向前迈进了一步。除此之外，这一时期生活用具中广泛使用了木雕工艺，如雕花木床、木制乐器、木案几等，用龙、凤、蕙草、云纹、缠枝牡丹等图案来点缀。用到的木材种类也开始增多，其中有不少是紫檀木、黄杨木、沉香木等名贵木材。

两宋时期

宋代木雕在前朝的基础上继续发展。宋代的海运和商业发展迅速，从事雕工的民间艺人增多，木雕艺术变得很兴盛。宋代木雕存世量较大，虽然作品一般较小，但造型精巧、生动传神、秀气雅致，带着一股诗意。北宋严氏雕刻的五百罗汉及其侍从弟子相貌各异、表情传神，令人叹为观止。

▲ 宋 彩绘木雕观音菩萨坐像

元明清时期

元、明、清是中国封建社会的晚期，经过了几千年的发展，木雕技艺经历了沉沦与繁荣。元代时期宗教信仰多元化，大型木雕佛像减少，木雕艺术较多地应用在了建筑装饰方面。山西丁村民居、皖南宏村民居、江西景德镇民居的建筑雕刻是最具代表性的。这一时期的梁、柱、斗拱、飞檐、栏杆、门楣、匾额等多用到木雕；雕刻技法也更加丰富多彩，圆雕、浮雕、透雕，应有尽有；题材内容有人物、动物、静物等；艺术手法写实与夸张并行。

明清时期是封建社会发展的巅峰时期，商品经济空前繁荣，文化艺术异彩纷呈，传统木雕艺术也在明清时期达到鼎盛。由于明清两代距今并不遥远，因此遗留下来了很多能体现木雕工艺的建筑，如北京故宫建筑群、明十三陵等皇家宫殿和陵寝建筑。明代嘉靖以后出现的徽州版画也被运用到了木雕工艺中。到了晚清时期，木雕工艺除运用到建筑装饰和木制家具装饰方面外，还创造了

▲ 明 木雕释迦牟尼佛像

▲ 清 黄杨木雕“五老图”摆件

很多小型实用木雕和欣赏木雕。清代把这些小型木雕工艺品俗称为“小器件”，如小玩具、小摆设和笔筒、砚台盒、笔架以及各种瑞兽、植物形象的饰物等，令人目不暇接。木雕艺术的题材也更加丰富，涉及民俗风情、神话传说、戏曲故事等，也有年年有余、五谷丰登、龙凤呈祥、平安如意、松鹤延年等民间喜闻乐见的内容，其雕工精湛传神，并形成了白木雕、红木雕、龙眼木雕、黄杨木雕、金漆木雕等诸多木雕门类，在雕工技艺上也出现了不同的流派。

新时期

1949 年以后，政府及时保护、恢复、提高、发展民间木雕艺术，积极挖掘民间的木雕艺人，以使他们能够到高等学府进行培训和教授，同时，政府还将民间艺人们组织起来，集中生产，统一管理。新时期的木雕作品，多数是反映现实生活的，题材更加丰富，不再局限于把玩之物。

▲ 木雕“福”字工艺品

木雕的分类和鉴定

鉴定木雕原材料对于鉴定木雕艺术品来说意义重大，原材料不同，木雕的价值也不同。若想收藏、鉴赏木雕，必须学会鉴定不同的木材。

木雕常用的材质有黄杨木、檀香木、阴沉木、楠木、沉香木、红花梨木等。

1. 黄杨木

黄杨木属于小乔木，生长于高山峻岭、悬崖峭壁之间。生长缓慢，成材周期通常达几百年，是非常珍贵的木雕原材料。由于黄杨木树干细，成材的黄杨木的直径一般也只有几十厘米，难有大料，多用来制作小件木雕。由于生长周期长，树干又很细，因此黄杨木的年轮特别密。黄杨木的颜色为淡黄色，给人天然温润的感觉，且木质细腻，质地坚韧，没有棕眼，通常用来制作高档木雕工艺品。

黄杨木雕会随着时间的推移渐渐变色，时间越长，颜色越深，因此颜色是判断黄杨木雕年代的重要依据，但也要仔细分辨市场上一些看起来年代久远的黄杨木雕是不是用人工手法而使其变旧的。

水黄杨与黄杨木很相似，我们可以从二者的颜色、切面来分辨。黄杨木呈淡黄色，水黄杨的颜色更偏白一些。从切面上看，黄杨木的年轮极其细密，材质非常细腻；水黄杨年轮粗大，摸起来感到干涩。

▲ 清 黄杨木雕人物山子

▼ 乐清黄杨木雕“小儿赶猪”摆件

▼ 黄杨木雕“麒麟”摆件

2. 檀香木

檀香木木质坚硬、味道芳香、颜色丰富，还有一定的药用价值，可细分为沉檀、绿檀、紫檀、黑檀、红檀等几种，数量都很稀少，特别珍贵。

▲ 清 黄杨木雕汉钟离像

檀香木的边材呈白色，没有香气，我们平时提到的檀香木特指中心木材部分。

檀香木在我国最早使用可以追溯到 1500 年以前，一般主要用于雕刻佛像及其他工艺品。用檀香木雕刻出来的工艺品极其名贵，且它还能散发出天然的芳香。将檀香木置于橱柜之中可以驱蚊虫，而且还能将衣物熏得带有淡淡的檀香味。

▲ 檀香木雕“攀山虎”摆件

▲ 檀香木雕“松下高士”摆件

▲ 檀香木雕“观音”摆件

▲ 檀香木雕“百鸟朝凤”摆件

檀香木有两大特征：第一，檀香木的颜色以黄褐色或深褐色为主，随着时间推移颜色会变深。檀香木有很好的光泽，包浆不如紫檀或黄花梨明显。其质地坚硬细腻，摸起来很光滑，纹理有通直和微波形两种，年轮较显眼。第二，具有芳香的气味，经久不散，随着时间推移香味会慢慢淡化，但用刀片刮削或在表面用砂纸打磨以后，还是能闻到浓郁、自然的香气。人为加工的假冒檀香木的香味一般浓烈刺鼻且难以持久，因为这种香味是利用人工香精浸泡或喷洒伪造的。

檀香木对生长条件的要求非常苛刻，因此数量稀少。目前，全世界只有印度、斐济和澳大利亚等少数国家出产天然檀香木。我国的天然檀香树非常稀少，檀香原木主要依赖进口。

3. 阴沉木

阴沉木，通常浑身乌黑，也被称为“乌木”。它是远古时代自然环境发生剧变时，受地震、洪水、泥石流等的影响被埋入古河床等低洼处的植物在缺氧、高压状态下，再加上细菌等微生物的作用，历经数千年甚至上万年的炭化过程而形成的。

形成阴沉木的原生树种有麻柳树、青冈树、香樟树、楠木、红椿木、红豆杉等。古红椿木在地下埋藏数千年能形成外黑内红的颜色，古金丝楠木在特定的环境下能形成外黑内黄的颜色。

▲ 阴沉木雕“蝉”手把件

▲ 阴沉木雕“瑞兽”摆件

▲ 阴沉木雕“和尚”摆件

阴沉木吸天地之灵气，历经岁月沧桑，饱受自然之力，形成了它兼具木的古朴、石的神韵的神奇模样。

阴沉木常有小裂纹，因此多制成小件工艺品。阴沉木极其珍贵，因此古代有“家有乌木半方，胜过财宝一箱”的说法。阴沉木属于不可再生资源，数量会越来越少，因此阴沉木工艺品是很值得收藏的。

4. 楠木

楠木为樟科常绿大乔木，适宜生长在温暖湿润的地区，主要分布在亚热带常绿阔叶林区，由于长期的过度采伐，数量越来越少。楠木是我国特有的一种树种，是名扬四海的上等木雕原材。以前，天然楠木主要分布在四川等地，但现在已经很少有天然树种了，如今见到的楠木树林，多是人工栽培的半自然林和风景保护林。

▲ 金丝楠木雕“观音”摆件

▲ 金丝楠木雕“关公”摆件

楠木生长缓慢，要百年才能成材，其木质坚硬、耐久，有一定的芳香气味，不软不硬，适于雕刻，很少开裂和变形，是我国珍贵的木雕树种。楠木为黄褐色略带浅绿，富有光泽，纹理直而细密，非常美丽，被赞为“木中贵族”。由于楠木耐腐蚀性能好，很多皇帝的陵墓、棺椁都用到楠木。

楠木可细分为香楠、水楠、金丝楠。香楠颜色微紫，带淡淡清香，有美丽的纹理；水楠木质较软，易于雕刻；金丝楠的木纹里有金丝，是楠木中最珍贵的一种，最具有收藏价值。在鉴别金丝楠木过程中，要把握以下几点：首先看颜色，它一般是浅黄色，新切面为黄褐色略带浅绿，在阳光下可以看到发出丝丝金光，这也是其最大的特色。其次闻味道，金丝楠木可发出淡淡清香，一般新料香味清淡如药材，老料会发出若隐若现的幽香；而赝品有的干脆无香味，有的则带有非常刺鼻的香味。最后摸材质，金丝楠木性温和，冬温夏凉，触感极佳，且光泽度非常好，非其他木材可比。

5. 沉香木

沉香木中混合了带有香味的油脂，是一种非常特殊的木材。这种芳香油脂是因为寄生真菌侵入了沉香木树干，进而发生一系列的变化，后经历很长时间形成的，这种香脂也被称为沉香。沉香木的颜色为黑褐色，可发出淡雅芳香，用手触摸时有冰凉感。结合沉香木雕的特征，我们总结了以下鉴定沉香木的步骤。

首先，看一看：生沉香木是墨色的；熟沉香木呈黄褐色，带有金色。如果能够看到其截面部分，一定要细心观察其纹理和毛孔，沉香木在横截面上没有年轮，毛孔很细小，在显微镜下观察，可以看到明显的发亮油脂。

▲ 沉香木雕“安居乐业”摆件

其次，闻一闻：沉香木可发出淡雅清幽的药香味，香味若隐若现，一阵一阵地散发出来，沉香木碰到水，会立刻散发出沁人心脾的幽香，而假沉香木散发出的味道一般很浓烈、刺鼻。

最后，摸一摸：触摸沉香木的切面会感到非常细腻光滑，而且还会带有一丝凉凉的手感，这是因为它含有大量的油脂。

沉香木雕的历史悠久，以其雕刻的精美工艺品价值千金、非常名贵，具有很高的收藏价值。也正因如此，市场上造假者很多，木雕爱好者收藏时一定要小心谨慎。

6. 红花梨木

红花梨木是我国的习惯性称呼，它产于非洲，属于花梨木的一种，我国市场上的红花梨木都是进口来的。红花梨属于大乔木，可生长到 30 米左右高，直径一般为 60~100 厘米，非常粗大的可达 140 厘米。

▲ 清中期 沉香木雕“灵芝如意”摆件

▲ 清 沉香木雕“鹅如意”摆件

▲ 花梨木雕“财神”摆件

红花梨木的表皮主要为灰褐色，非常薄，常呈现小片状脱落。当用手剥落表皮时，断面上有小白点。红花梨木的内皮为棕褐色，有分层，交叉环绕。外皮薄脆，内皮坚韧，撕之呈条状。里面的木材表面光滑，整体通直，少裂纹，也很少见虫穴。红花梨木的纹理一般较粗直，并且偏多，纹路中有时夹杂着大小不等的不规则同心圆或椭圆，形成人们常说的“鬼脸”。心材颜色富于变化，新切面呈血红色，接触空气后，很快就会变成紫褐色。具有很好的光泽度，生材切断时会有淡香气散出。红花梨木的心材质地优良，非常耐久，不易受小虫侵害，是上等木雕材料，在中国市场上非常受欢迎。

▲ 花梨木雕“送财弥勒”摆件

▲ 木雕“鲁班”摆件

木雕的主要流派

中国的民间雕刻有着悠久的历史，并创造了辉煌灿烂的文化。由于全国各地的风俗文化、资源条件和工艺的不同，因此木雕形成了很多不同的流派，并有着各自独特的工艺风格。

东阳木雕

浙江东阳被誉为“木雕之乡”，这里的木雕艺术历史悠久，全国闻名。东阳非常适合生长樟木等适合雕刻的木材，这为东阳木雕的发展奠定了基础。南宋时期，木版刻书在东阳非常流行，这在一定程度上推动了当地木雕艺术的发展。在明代，东阳木雕得到大力发展和推广，到清代中期达到顶峰。传统的散点透视是东阳木雕的主要构图方法，布局丰满，层次感强，雕刻技法主要是浮雕，辅以镂空雕、圆雕、半圆雕、透空双面雕、锯空雕、阴雕等，具有独特的风格。东阳木雕讲究写实、层次丰满、精雕细刻，特别适合表现有情节的人物、故事题材，因而东阳木雕的内容特色就是以戏曲故事、神话传说、历史典故等情节性较强的人物题材为主。东阳木雕构图完整、美观动人，一般以人物为中心，再刻画出相应场景，非常注重情节、环境间的相互呼应。木雕中的人物衣着被雕刻得精细无比，神态被刻画得生动传神，再配上宫殿庙宇、亭台楼榭、山川流水等景物，情景相融，仿佛那故事就在我们眼前上演一般，具有浓厚的生活气息。此外，常见的还有吉祥图案、自然景观、奇花异草、祥禽瑞兽等。东阳木雕的工艺精细得令人叹为观止，人物的须发、建筑的片瓦、花草的筋脉、鸟兽的鳞甲都雕刻得非常清晰。当代东阳木雕艺术家在继承优秀传统的基础上，在题材和技法上又勇于创新，现今他们创作的主要方向为观赏型木雕。

▼ 东阳木雕“放牧归来”摆件

▲ 乐清黄杨木雕“小儿戏南瓜”摆件

浙江黄杨木雕

浙江省温州、乐清及周边地区主要流行黄杨木雕，其中乐清是黄杨木雕的发源地，乐清黄杨木雕和东阳木雕、青田石雕，并称为“浙江三雕”。黄杨木非常珍贵，其木质坚韧、硬度适中、纹理细密、颜色淡黄，感觉类似象牙，随着时间流逝其颜色会逐渐变深。

故宫收藏的元代创作的黄杨木雕观赏品——《铁拐李》，是目前已知最早的黄杨木雕作品，它雕刻精湛，造型逼真，观赏性很强。经过几代人的探索，到明清时期，黄杨木雕逐渐发展成为一个成熟的木雕艺术流派。晚清时期的著名木雕大师朱子常改进了木雕技艺，使木雕真正成为供人观赏的工艺品。从清朝末年至今，出现了一大批工艺精湛的黄杨木雕艺术家，他们多是一脉相承的师徒关系，既从前辈那里习得了传统的优秀技艺，还创制了拼镶、嵌雕等新工艺，进一步克服黄杨木直径小、难有大材的弱点，雕刻出了许多闻名遐迩的作品，有许多被收藏在了国家博物馆及各地的博物馆中。

黄杨木雕大师——朱子常 >>>

朱子常，名正伦，字子常，浙江温州人，晚清著名的黄杨木雕艺术家。他出生在一个画匠家庭，家境贫寒。9岁时，他的大舅父陈汝斌开始教他学习塑佛像，同时也以姑丈为师学习泥塑、雕花技术、髹漆画以及龙档木雕和木偶头面雕刻技艺。

朱子常不怕吃苦、勤奋好学，又很有天赋，在两位师父的教授下，他习得了多项技能。朱子常经过多年的刻苦努力和雕塑实践，既继承了传统的工艺基础，又发挥了自己的创造力，技艺精湛。他还另辟蹊径，把泥塑工艺同木雕技术、髹漆工艺相结合，首创性地尝试了黄杨木雕人物圆雕技法，并取得了非常好的效果。为了创造出更丰富的木雕题材，他经常观看戏文、画谱，致力于研究各类人物的神态、表情，然后把各色人物的特征与黄杨木雕相结合，运用其精湛的雕刻技法，准确刻画人物的表情与动态，从而创造出了一件件出神入化的作品。他所雕刻的人物造型美观、线条流畅，观赏价值和收藏价值非常高。1910年，其黄杨木雕作品《济癫和尚》在南洋第一次劝业会上获得了优等奖；1915年，在美国举行的巴拿马博览会上，其作品《捉迷藏》又被评为二等奖。一时间，朱子常名声大噪、家喻户晓。由于朱子常的精湛工艺，处在发展中的黄杨木雕迅速引起了国内外的广泛关注。

▼ 黄杨木雕“丰收”摆件

福州木雕

福州木雕的历史比较悠久，可追溯到唐宋时期，作品以木雕佛像为主。后来福州木雕从雕刻佛像转变为雕刻建筑装饰、家具装饰。福州木雕的雕刻材料以龙眼木居多，因此又被称为“龙眼木雕”。福州木雕题材丰富，有人物、动物、植物等；造型生动，结构优美，层次清晰，写实中又带着夸张，艺术效果非常好；主要采用圆雕，辅以浮雕、镂雕。题材不同，选用的雕刻技法也不同，其作品风格各异，有的粗犷豪放，有的圆润细腻，有的精细婉约。其创作步骤是打坯、修细、磨光、上色、上漆、打蜡等。

福州木雕分为三个流派，分别是象园流派、大坂流派、雁塔流派，艺术风格各不相同。象园流派（俗称柯派），以柯庆元为代表，擅长雕刻虫草花卉及人物，他们雕刻的人物非常细腻，注重面部的神情，衣服追求柔软、飘逸之感。象园流派后来大胆吸收现代雕塑艺术的精华，构思巧妙，手法娴熟。大坂流派（俗称陈派），以陈天赐为代表，擅长雕刻人物，善于刻画人物的内心世界。仕女造型脸部圆润、高贵典雅、柔美多姿；仙佛表情传神，衣袂飘飘；武将气势非凡，盔甲纹饰富于变化。雁塔流派（俗称漆器派），其雕刻常与漆器结合，擅长透雕、薄雕及镶嵌，注重布局，富有立体感，刀法娴熟。人物雕刻衣纹平顺，面部圆润，神态生动。

▲ 木雕“海龟”摆件

▲ 宋 木雕观音坐像

潮州木雕

据相关资料显示，潮州木雕已有上千年的历史。明清时期潮州木雕蓬勃发展，清末民初发展至顶峰，很多木雕珍品都是这一时期留下的。潮州木雕起源于广东潮州，这里物产丰富、经济繁荣、文化氛围浓厚，这些都推动了潮州木雕的发展。潮州木雕分布范围广，主要集中在潮安、潮阳、揭阳、饶平、普宁和澄海等地。潮州木雕题材丰富，有神话传说、历史典故、祥禽瑞兽、奇花异草等。雕刻技法娴熟细腻，雕刻的人物、动物都线条流畅，结构巧妙，层次丰富。木雕刀具从选材制坯的扣槌、刀凿、钻、锯，到雕刻的方凿刀、圆凿刀、雕刀、毛尾刀等一应俱全。在技法上，潮州木雕的雕刻工艺包括透雕、浮雕、圆雕、阴刻等。透雕也就是镂雕，是最常用的，也是最为精湛的技艺，经过历代艺人的努力，三层透雕发展成五层透雕，所雕作品剔透玲珑，神形兼备。作品表面贴金，是潮州木雕的一个鲜明特征，因此人们又叫它“金木雕”“金漆木雕”，这种木雕的工序较为复杂，对每个步骤都有严格要求。1949 年以后，潮州木雕艺人付出了很多心血，有不少名作问世。

▲ 木雕“渔翁得利”摆件

▲ 檀香木雕“酒足饭饱”摆件

木雕的保养

每一件美轮美奂的木雕工艺品都是收藏者心爱的珍宝，他们在赏玩中陶冶情操，提高审美水平，而妥善保养木雕工艺品是每一个收藏者的必修课。

木雕工艺品忌暴晒，长时间暴晒易使木雕开裂。因此在保养时要避免阳光对其直射，尽量不要将木雕摆件放在窗口。

极潮湿或者极干燥的环境都不适合放置木雕工艺品。木雕工艺品处在很潮湿的环境里容易发霉，例如绿檀工艺品受潮就会生出银白色的丝；而处于太干燥的环境，木雕工艺品又有可能会开裂。因此如果冬天生暖气，要让木雕工艺品远离暖气管；夏天也不要让空调风口直接吹向木雕工艺品。

木质品易燃是我们都有的常识，因此木雕工艺品要远离明火、火墙、火炕、火炉等。

平时要注意清洁木雕工艺品，可经常用干棉布或鸡毛掸子清理掉木雕工艺品上的灰尘。也可用含蜡质的或含油脂的纯棉毛巾擦拭，但要注意不可用带水的毛巾擦拭，以免使木雕工艺品受潮。如果发现木雕工艺品不够光亮，可以用刷子在木雕工艺品的表面涂刷上光蜡，涂完后用抹布擦一下即可。也可以用纯棉毛巾蘸一些核桃仁油在木雕工艺品的表面轻擦，使木雕富有光泽。

▲ 木雕“寿星”摆件

▲ 清 鸡翅木雕“水牛”摆件

根雕摆件和手把件

根雕艺术借鉴了传统雕刻艺术的技法，是一门独具特色、生命力旺盛的造型艺术。自然天成的材质与精心创作的巧妙结合，创作内容和形式的有机统一，使得根雕造型艺术不断发展并有所创新。

根雕的历史

根雕是一种古老的艺术形式，在中国工艺美术史上占有重要地位。

▲ 根雕“霸王龙”摆件

▲ 根艺雕“凤鸣朝阳”摆件

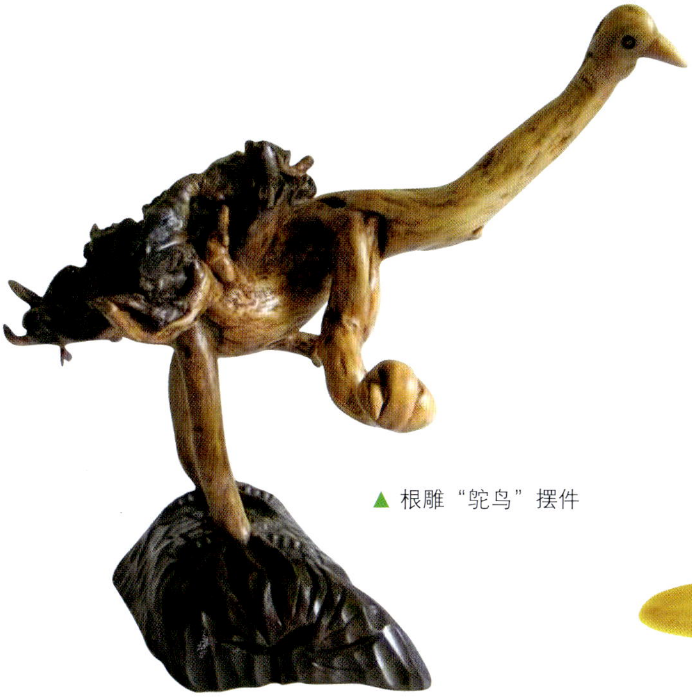

▲ 根雕“鸵鸟”摆件

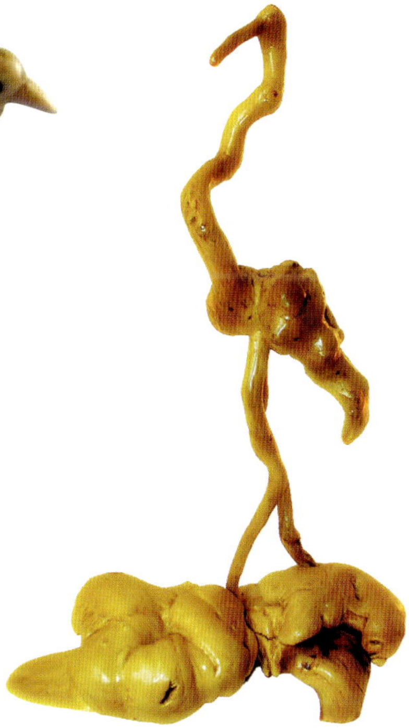

▲ 根艺“仙鹤”摆件

根雕艺术的历史与人类认识自然、改造自然、按审美观点去创造自然的历史同步，反映了一定社会条件下人类的思想感情。根雕艺术在继承传统艺术的基础上，走过了朦胧期、形成期、发展期和繁荣期，并为越来越多的人所认可。

朦胧期

根雕发展的朦胧期是原始社会时期，此阶段的根雕被誉为“天趣野味”。比如原始时期工具的运用，先民的居室从最初简陋、粗糙的“巢”和“穴”，进而发展成精美的、复杂的形态。根雕艺术是从生活的实用物中发展出来的。例如人类钻木取火的活动，木棒和木材的相互摩擦，从而起火，这大概就是人类最早“雕”和“刻”的起源。到了农耕时代，人们利用树根的弯曲或钩状物进行松土，从中不难看出，人们已经在生产中利用树根了。

从历史上看，根雕工艺品从古帝少昊时期就出现了，那时的人们给小孩佩戴磨光的苍根，认为这可以带来吉祥。这种半天然艺术品萌发于人类生活实用物中的表现是方方面面的，并且具有深远的意义。

▲ 根雕“长裙少女”摆件

形成期

形成期是指战国至宋元时期，此时期的根雕被誉为“自然的神奇”，野气未脱，古朴简洁。1982 年，在湖北江陵马山一号楚墓中发掘出一件战国时期的根雕作品——《辟邪》，其造型为虎头蛇身、四足，表现的是行走的状态，上面还雕有蛇、雀、蛙等图案，构思巧妙，展现了动感与神韵。另外，从汉墓中出土的画像石或壁画中也刻有、绘有用树根制作的几架、拐杖、弓箭等。到了南北朝时期，出现了大量实用的根雕生活用品，包括拐杖、笔筒、佛柄、抓背、烟斗等。根雕不仅在民间流行，皇帝也对其青睐有加，《南齐书》记载，齐高祖以一柄竹根雕“如意”赠予隐士僧绍，这个如意为灵芝形，柄把长而弯曲，类似于一个精致的抓背。据传说，唐代有位官员曾采得龙形天然树根，遂制成抓背献给皇帝，其他官员也都纷纷效仿。到了宋元时期，除了宫廷和民间继续流行根雕艺术以外，在庙宇中也出现了根雕的佛像，这说明根雕艺术在当时是很受欢迎的。

发展期

发展期是指明清时期，这一时期的根雕被誉为“有形的诗”。明清时期，根雕艺术已经发展得比较完善，从观赏艺术品到实用艺术品应有尽有，分类也非常清晰。此时期根雕艺术创作进入了一个新的阶段，并逐渐发展成专业的手工作坊。

有一件清代八仙群像根雕作品，巧妙地表现出了人物的动态和神情，充分体现了“天人合一”的境界。

明清时期的笔筒、如意、佛手、魁星和花几架等根雕作品，都是巧妙利用天然树根形态创造的，充分展现了自然美。清代的绘画作品中，根雕的花几架、几案、座椅等都很常见，说明这种工艺品在当时非常流行。

清代江浙一带的根雕很有地方特色，当时的根雕艺人把不具功用价值的天然树根制作成艺术品，化腐朽为神奇，展现了无与伦比的艺术情调，也推动了根雕艺术的发展。

▲ 清 奇木根艺盆景

繁荣期

繁荣期是指 20 世纪 70 年代至 90 年代。从 1949 年到 20 世纪 70 年代，根雕艺术进入了集大成时期，表现为：一方面，人们更多地去深入研究根雕艺术，根雕作品内容和表现形式具有更加丰富的内涵，根雕创作以及根雕爱好者越来越多，根雕市场越来越活跃；另一方面，根雕艺术从爱护自然、爱护生态环境的要求出发，不断创新，不断向前迈进。

1985 年，中国工艺美术学会根艺研究会成立，标志着中国根艺美术走上了正规化、学术化的发展道路。同时研究者们将这门艺术定为“根的艺术”，简称“根艺”，并建立了根艺理论学说，使它真正成为中国文化艺术领域中的一门独立的艺术门类。多年来，全国各地的根艺创作者和爱好者不懈努力，在全国各地举办了多次学术交流活动，使中国根艺美术事业更加辉煌灿烂。

根雕艺术的特殊形态在今天展现出了旺盛的生命力，其形式和技法正向着更好的方向发展。如今的人们越来越重视精神生活的丰富，越来越崇尚古朴自然的艺术形式，而根雕艺术和人们的需求非常契合，它满足了人们回归自然、返璞归真的意愿。

▲ 根雕“罗汉”摆件

▲ 根雕“龟背蛇”摆件

▲ 竹根雕“渔家乐”摆件

根雕艺术的分类

根雕艺术是一门“天人合一”的艺术，将非同一般的自然美和艺术大师的创造力巧妙糅合。其分类方法有多种，一般按照创作的内容、雕琢的状况、根材的性质、根材的地区特点等分类。有了明确的分类，我们就可以很好地掌握根雕艺术的内容和特征。

按创作内容分类

根雕艺术的内容和表现形式五花八门、绚丽多姿，据此我们可以把根雕艺术分为观赏艺术和实用艺术，其作品可分为观赏艺术品和实用艺术品两大类。

1. 观赏艺术品

观赏艺术品又可分为抽象艺术品和具象艺术品。抽象艺术品是无逻辑、无故事的，它追求创新，需要人们去用心感受，其表现形式往往非常奇特、绝妙。具象艺术品与抽象艺术品相对应，它具体地反映某些事物，常见的表现题材有人物、飞禽走兽、花草树木、山川河流等，刻画细腻，活灵活现。

▲ 开远根雕“笑佛”摆件

▲ 根雕桌凳摆件（一套）

2. 实用艺术品

实用艺术品是指在现实生活中能发挥作用的，包括床、椅、桌、架、座等家具类根雕作品，以及筒、瓶、架、砚、书、匾等陈设、日用类根雕作品。

随着人们生活水平的提高以及精神需求的增多，根雕观赏艺术品和实用艺术品定会越来越受欢迎。

按雕琢的状况分类

1. 自然型根雕

这种根雕非常简洁，雕琢的地方较少，能够原汁原味地体现自然美，“天趣”“野味”十足，追求的是一种回归自然的感觉，越看越感觉耐人寻味。创作中不能留有人工造作之气，构思巧妙者是观赏艺术品中的上等绝品。

2. 拼接型根雕

根据根材的平直凸凹、曲折有致的天然形状，可对其进行组合拼接，赋予其特定的艺术造型。例如有一个名为《喊》的拼接根雕作品，根据一头狮子驼背、拖尾、张口、登高的动态，为其加上与之和谐的枝杈根料做底座，在恰当的位置组合拼接，这样不但结构更加完美，而且更能使作品气势非凡。又如根雕茶几，可以用根茎和根块进行组合拼接，按照茶几的高低大小来进行构思，几面还能制造弯曲造型，完成实用美和自然美的统一。

3. 朦胧型根雕

朦胧型根雕是木雕和根雕在艺术美上的有机结合，也是它们表现手法的相互融合。例如，有一件名为《犀牛望月》的博古架，它上边的圆形架周围是木雕云纹；下面是犀牛根雕，犀牛的头部、脚部围绕着浅浮雕形式的灵芝云、如意云等，恰到好处地表现了犀牛在云雾中穿行的情景，既透出一股秉正刚气，又表达了祥瑞之意；枝杈的节疤处是用木雕手法处理的，突出了主体犀牛的根雕形象，这就是典型的朦胧型根雕作品。

▲ 根雕茶桌摆件

▲ 根雕佛像摆件

4. 装饰型根雕

主要是利用一些扁平或者是近似扁平但是略有起伏的根料，创作出某些形象的作品。其创作往往会借鉴中国画和油画的创意，或者是民俗的表现形式，经过一系列的处理，呈现出新鲜奇特的作品。装饰型根雕的表现形式主要有：根贴画、根书画、树皮画、木纹画、树瘿画、壁式根艺等。另外，装饰型根雕通常会结合拼接型根雕，这两类是相辅相成的。

5. 仿真型根雕

仿真型根雕也是通过根材雕刻艺术和木工雕刻艺术相结合的手法来表现的，此类型根雕偏于具象。如下图《豹子》，这个作品的造型是遵循豹子的骨骼、肌肉、结构和皮色进行雕琢的，艺术大师充分利用了材质的明暗、色彩、斑点、纹理曲直进行刻画，雕刻出的作品非常逼真，生动传神，好像那只豹子随时都能纵身扑出去一般。

▲ 根雕“豹子”摆件

▲ 根雕“喜鹊登梅”摆件

▲ 鸡翅木根雕“弥勒佛”摆件

根据根材的性质分类

根的材质不尽相同，据此可以将根雕分为木根雕、竹根雕、树瘿根雕等。

1. 木根雕

木根雕大多是用木本植物的根雕刻的，如乔木根雕、灌木根雕，也有的是用很有特点的树根、枯树桩、枝杈等创作的。

乔木根雕多取材于树木被砍伐后留下的根，雕刻时会结合木雕技法，因材施艺，顺形取势，尽情发挥。成型的作品展现出的艺术气息和根材自然生成的状态相融合，非常生动传神。

我国主要的乔木根雕有南北方的区别。北方主要有柏木根雕、黄榆木根雕、香椿木根雕、槐木根雕、杜鹃木根雕等。南方主要有花梨木根雕、鸡翅木根雕、黄杨木根雕、灰树木根雕、黄檀木根雕、杜鹃木根雕等。

灌木根雕主要有山梨木根雕、杜鹃根雕、沙刺木根雕、黄荆木根雕、黑荆木根雕、酸枣木根雕等。

▲ 树瘿根雕摆件

▲ 竹根雕“笑佛”摆件

2. 竹根雕

适宜竹子生长的地方如浙江、广东、上海、四川、福建、江苏等地区流行竹根雕。竹根雕主要根据竹根的螺旋形生长状态和须根与主根的天然形状特点进行创作，通常用来创作人物和动物造型。雕琢时对艺术品的面部进行详细刻画，并且细致到头发和胡须。有的作品利用竹根古老沧桑的形状，顺应其长势的特点，雕琢出人物的完美躯体或精细的衣物纹理等形态，制作的精品具有较高的观赏价值和收藏价值。

3. 树瘿根雕

病态的树在生长过程中产生了节疤或者形成了奇形怪状的瘿瘤块，就会形成树瘿。这被根雕大师们留意到，并对其进行细心雕琢，加工成了一件件主题鲜明、栩栩如生的根雕作品。

根雕的主要产地

根雕艺术历史悠久，在我国的文化艺术中占有重要地位，它源于自然而又高于自然。我国有很多地区都出产根雕，下面介绍一些有代表性的根雕产地。

开化根雕

浙江开化被誉为“中国根雕之乡”，是传统的根雕产地。开化根雕还被称为继东阳木雕、青田石雕、黄杨木雕之后的“浙江第四雕”。

开化根雕以传统的浙江木雕为基础，并加入了许多新的内容。1949 年之后，开化根雕艺术从木雕艺术的附属身份中脱离出来，形成独立门类。徐氏根雕是开化根雕的主要流派，将其发扬光大的是徐氏根雕的传人、著名根雕艺术家徐谷青先生。

开化县有一片重要的文化艺术园区——开化根博园，它是由根雕艺术发展而来的，是一座国家“4A 级”风景区。这座以根雕艺术为主题的艺术园融合了假山园林、龙顶茶艺、奇石盆景等多种文化内容。根博园是根雕艺术发展过程中的一次大胆创新，根雕艺术本身就具有无与伦比的天然美，让其与自然景致相结合，更能展现其不凡的魅力。这对发扬根雕艺术文化，让更多人欣赏它有很大的好处。

▲ 开化根雕“仰天长啸”摆件

▲ 开化根雕“愚公移山”摆件

▲ 根雕“笑佛”摆件

上海根雕

上海是根雕艺术发展的“新贵”，上海根雕借助于现代商业的繁荣以及国际化的开阔视野，近些年发展迅猛，成为有别于传统根雕的新根雕派别。

上海根雕对浙江根雕的优点进行了很好的借鉴，并加入了西方雕塑的艺术理论和精华，具有很强的包容度。上海根雕充分展现了现代根雕艺术的成果，当地繁荣的社会经济为艺术发展创造了条件，国际与民族间的文化交流促进了其迅速发展。

象山根雕

浙江象山根雕的主要原材料为毛竹根，因此又被称为“象山竹根雕”。它既吸收了我国明清时期的竹根雕工艺及其风格，又借鉴了现代西方艺术，并且充分利用竹根的天然形状而形成的现代根雕艺术。象山竹根雕主要刻画各种人物、佛像、动物等，形象生动、惟妙惟肖，具有很高的观赏价值。在造型艺术上，象山竹根雕将竹子的根须全部用上，充分体现了野性的自然趣味，与现代社会追求的自然美相契合，不仅在国内备受青睐，在海外市场上也很受欢迎。

▲ 竹根雕“佛手”摆件

▲ 象山竹根雕人物摆件

嵊州根雕

嵊州位于浙江东部，风光秀丽、人杰地灵、历史悠久，适宜的自然环境和浓厚的文化氛围孕育出了丰富多彩的嵊州根雕。20 世纪 70 年代，现代嵊州根雕起步，并于 90 年代形成规模，以其深厚的文化积淀和独特的艺术美受到广泛关注，发展前景广阔。

福建根雕

福建根雕历史悠久，工艺精湛，绚丽多姿，可分为自然型根雕与雕刻型根雕两类。进入现代社会以来，福建根雕不断推陈出新，发展越来越迅速。

福建根雕非常善于雕刻人物，对人物脸部构造的刻画非常细致，通过丰富的脸部表情来表现人物的个性和情绪，观之韵味十足。

▲ 根雕“济公”摆件

根雕的加工工艺

根雕作品惟妙惟肖、精美异常，它的完成需要一个复杂的制作过程。下面介绍一下根雕的加工过程。

选材

根雕艺术的题材广泛，表现手法丰富。雕刻材料的质地、形状对根雕作品的价值有很大的影响，因此艺人在雕刻前选好材料至关重要。

由于每个人的文化程度、艺术修养、审美观点不同，所以选出的材料、制作出的作品也不尽相同。只懂得制作技艺，而没有艺术修养的艺人无法雕刻出真正优秀的作品。选材也是这样，需要艺人有独到的审美眼光和较高的艺术修养。

1. 认识材质

好的根雕材料要肌理细腻、色调古朴、不易腐裂，因此需要了解不同材料的特性。柏木根颜色黄红相间，适于雕磨。黄荆木、黑荆木、酸枣木等的根材形状古怪有趣。枯榆木带虫蛀过的腐根，雕磨后别有一番风味，恢弘大气。花梨木根、鸡翘木根和白檀根等，质地硬而易雕琢。杜鹃木根材质中等，但非常细腻，易于雕琢。一般来说，南方的树根、树瘿和竹根形态比较奇美精巧；北方的灌木根比较多，比较自然洒脱。

▲ 清 竹根雕“九龙瓶”摆件

▲ 红酸枝福建“雄鹰展翅”根雕

2. 选奇

奇既体现在自然天成的奇特怪异的外形，又体现在自然缺损的奇特。把一些病变、腐朽的树根上的腐烂体的部分去除掉，留下的空洞、瘦身、横皱，有时会形成更好的艺术效果。一般生长在水和养分都充足的平原地区的树根难以形成奇特形态。越是在如阴暗环境或悬崖峭壁等恶劣环境中的根材越是怪异奇特。选材时要有一双善于发现美的眼睛，来欣赏大自然的神奇。

3. 选美

材质好的根雕自然很有市场，对于材质略差的根材，若是其形状等有独特之美，也会为最后雕刻出的作品增色很多，其价值也会增高。创作者选材时即使细小的部分也不能放过，一段小曲根、一块不起眼的树节疤、一块虫蛀的木头，只要创作者细心观察，就可能在不经意间发现美，达到意想不到的创作效果。

▼ 根雕“苏东坡”摆件

▼ 根雕“老者”摆件

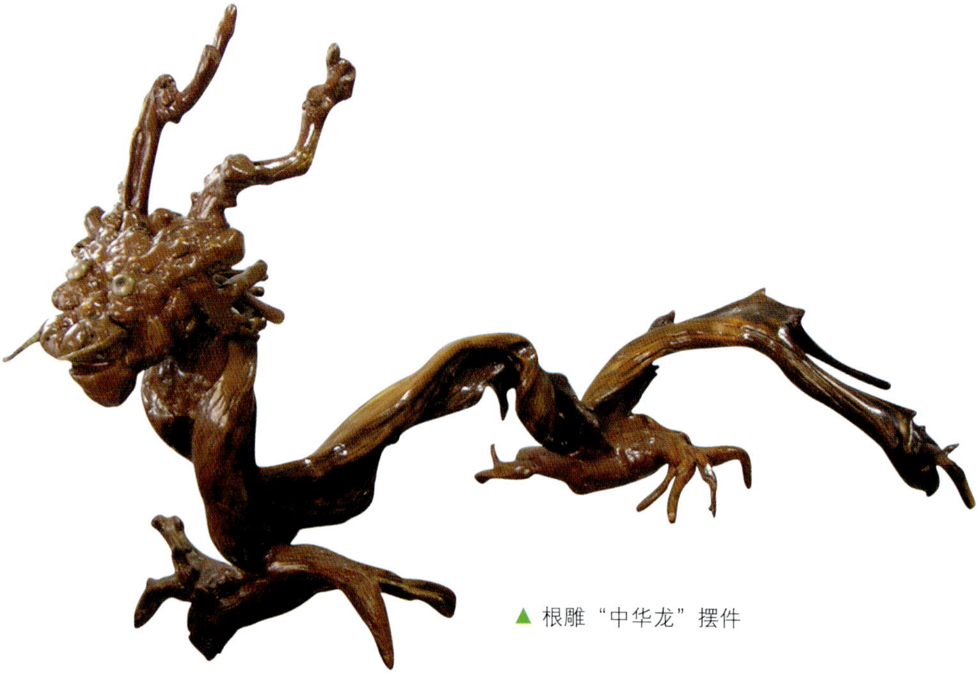

▲ 根雕“中华龙”摆件

4. 因材施艺

根雕艺术极其注重天然美，根材的优劣直接影响作品的价值。根材有曲有直、凹凸不平，有圆有洞，大小不等，千变万化。创作者要能从杂乱无章、盘根错节的树根中发现美、创造美，因材施艺，从而制造出优秀的作品来。

5. 爱护环境

只要留心收集，在日常生活中也能收集到好的根材，并不是都要去挖植被的根。例如，乡村烧火的木头疙瘩，修路时挖掘出的根材，天然干河槽中冲刷出的根材等。这些大自然中的废根和枯木中，同样存在能为我们所用的材料。只要用心观察和收集，就会有收获。

构思

构思既是对艺术品的设计，也是造型的前提。进行根雕创作肯定要根据造型和主题取舍剪切一部分材料，这样作品才能更精致、更具观赏性，在做这一步之前就需要创作者先构思。作品要表达什么主题，要雕刻成什么造型，一定要做到心中有数。构思这一步很关键，不能急于求成，要反复观察、琢磨，发挥想象，找到灵感，构思成熟再进行下一步。

▲ 楠木根雕摆件

剪裁和去皮

前面的准备工作做好后，接下来就需要对根材按照构思的要求进行剪裁和去皮，这是对根材的初步加工。

◆ 剪裁

对于一些根枝，有需要的，剪裁时就要保留下来，不用的根枝就全部剪掉。大的无用根枝可以用锯子锯掉。对于那些不确定是否要去除的根枝，剪裁时可以先保留，等确定后再做处理。剪裁时要注意不能损坏有用的曲枝，一些根料，在锯、削和铲除时，如果用力过猛，就有可能损伤应保留的好根料，所以一定要放稳根料，锯削时要很小心，以避免不必要的损失。如果是需拼接的作品，应先进行初步剪裁，待去皮并构思成熟后，再进行仔细剪裁。

◆去皮

在根雕制作过程中，是否去皮或是去多少皮是由作品主题和根料材质决定的。为更好地呈现作品，有的根材需要去皮，这样可以更好地显现根材的纹理和质感。同时也有个别根材材质坚硬，皮非常薄，皮上有非常美观的花纹。如若不去皮，皮的色彩和纹理也能给作品增色不少，甚至达到意想不到的效果。

为根材去皮是一个比较费工的步骤，需要小心谨慎。树皮和根料的木质之间有一种形成层，其中有很多水分，若是受潮，很容易腐烂和生虫。因此在去皮时应注意，如果是春季的根材，要令其不生虫可用水浸泡去皮，待其干燥后就可进行下面的步骤。如果是春季以后的根材，应先放到开水中煮，然后再去皮。水煮过的根材，很容易去皮，而且不易生虫。

有时去皮后还可改变构思。一旦根料去皮后，其高低、曲直的形态，美妙的自然线形和色彩表现就会原汁原味地呈现在创作者眼前。这可能立即触动创作者的灵感，又冒出新的想法。这时创作者必须仔细衡量，然后再决定到底要制作哪种造型。

▲ 清 根雕人物摆件

▲ 根雕“老鹰”摆件

雕琢和磨光

雕琢和磨光是根雕作品制作的重要工序。雕琢就是根据构思的主题雕琢出理想的造型，凸面可以加工成瘤状，可以用火烧出洞穴的形象，来体现自然美。创作者运用娴熟的雕琢工艺可以制作出自然型根雕、朦胧型根雕、仿真型根雕等。如果有些根料残缺不全，还可以进行拼接，但应不留痕迹。为更好地完善作品，最后还需要磨光。可使用砂纸手工打磨，也可用机械打磨，最好两种方法配合进行，从而更好地表现创作者的意图。

上漆和打蜡

上漆和打蜡可以使作品更加美观，并得到更好的防护。上漆和打蜡后能在根材表面形成一层坚韧而光滑的保护膜，既能够延长根雕工艺品的寿命，又能使作品显得古色古香，提高其观赏价值。

▲ 竹根雕“蛙”摆件

● 总 策 划

王丙杰　贾振明

● 责任编辑

张杰楠

● 排版制作

腾飞文化

● 编 委 会（排序不分先后）

玮　珏　苏　易　夏　洋

白　羽　田文轩　姜　宁

肖　斌　吕紫霞　李小凡

● 责任校对

姜菡筱　宣　慧

● 版式设计

黄睿天

● 图片提供

黄　勇　贾　辉　赵俊祥　张　然

http://www.nipic.com

http://www.huitu.com

http://www.microfotos.com

恋恋情怀